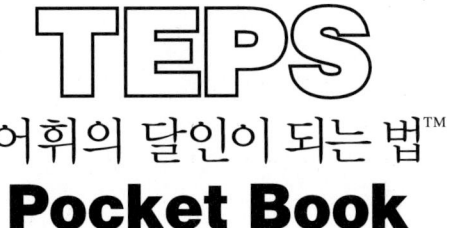

TEPS
어휘의 달인이 되는 법™
Pocket Book

본문 음원 무료 다운로드
www.saramin.com

사람 *in*
saramin.com

★ 머리말

이 어휘집은 지난 10년간의 기출어휘 중에서 초·중급자들에게 필요한 어휘들만 뽑았다. 수록내용으로는 최신 TEPS에 등장하는 어휘를 총망라한다는 것을 전제로 하여 TEPS를 준비하는 학습자들에게 필수인 주제별 어휘(Topic Words) 400개, 연어 (Collocation) 200개, 혼동 어휘 150개, 2어 동사(2 Words Verbs) 130개, 숙어 (Idioms) 100개, 다의어 20개, 총 1000개의 필수어휘들을 실었다.
원칙적으로 본 어휘집은 현재 TEPS 보유점수 500-700점 사이의 학생들이 800점 이상 득점하는 것을 목적으로 개발되었다. 그러나 아직까지 TEPS를 한 번도 본 경험이 없는 초보자들도 충분히 학습할 수 있도록 모든 어휘와 문장을 기출문장 유형으로 구성했다.

이 어휘집은 수험자 개인이 부담 없이 편하게 휴대용으로 갖고 다니며 볼 수도 있고, 스터디 그룹을 구성한 다음 매일 일정 분량을 정하여 테스트를 한 후에 맞춰보고, 각 어휘에 대한 분석을 같이 해보는 방식으로 활용해도 된다. 최근 시험에서 어휘문제는 점점 문어체 어휘가 제외되고 LC에 등장하는 구어체 어휘들로 출제되고 있다. 유형이 바뀌는 지금, 조금만 공부해도 엄청난 소득을 얻을 수 있는 시기임을 잊지 말자.

어휘는 낱개 단어의 뜻을 달아서 암기하지 말고 반드시 문장을 통해 암기해야 한다. 여기에 단어와 문장을 음성파일과 같이 외운다면 암기효과는 세 배로 늘어난다. 본문에 등장했던 모든 어휘들과 문장들을 원어민이 녹음해서 사람in 홈페이지(www.saramin.com) 자료실에서 MP3 파일로 무료 제공한다. 평소 틈틈이 어휘와 음성을 같이 학습한다면 TEPS에서 좋은 결과를 얻을 수 있을 것이다.

본 어휘집이 나오기까지 물심양면으로 힘써주신 메가스터디의 윤석환 선생님, 사람in 출판사의 전병기 팀장님, 죠셉킴 TEPS 연구팀의 김종호 수석 연구원, 이익훈어학원의 이익훈 회장님, 기도로 뒷바라지를 아끼지 않는 사랑하는 아내, 깊은 관심과 기도로 후원해 주시는 여의도 순복음 교회 조용기 목사님, 그리고 나의 모든 것 되시는 하나님께 이 어휘집을 바친다.

2007년 6월
잠실에서 죠셉킴

CONTENTS

머리말 • 004
TEPS 어휘 Part별 특징 및 학습법 • 008
TEPS 어휘 출제경향 • 012
TEPS 어휘 유형별 학습법 • 014

Chapter 1 TEPS 기출 주제별 어휘

1. Stock & Insurance • 022
2. Law & Justice • 035
3. Shopping • 044
4. Hotel • 054
5. Occupation • 062
6. Economy • 072
7. Healthy • 082
8. Postal Service • 092
9. Multi Media • 098
10. Airport • 106
11. Nature & Environment • 116
12. Education • 122
13. Banking • 130
14. Transportation • 138
15. Food & Culture • 146

Chapter 2 TEPS 기출 혼동 어휘 • 154

Chapter 3

TEPS 기출 COLLOCATIONS

1. 동사+명사 • 202
2. 명사+명사[= 복합명사] • 234
3. 형용사+명사 • 242

Chapter 4

TEPS 기출 2어 동사

1. across • 256
2. after • 258
3. along • 260
4. apart • 262
5. around • 264
6. aside • 266
7. at • 268
8. away • 270
9. back • 274
10. by • 276
11. down • 278
12. in • 280
13. off • 284
14. on • 286
15. out • 290
16. over • 292
17. through • 294
18. up • 296

Chapter 5

TEPS 기출 IDIOMS • 302

Chapter 6

TEPS 기출 다의어 • 338

★ TEPS 어휘 Part별 특징 및 학습법

Part I :: 특징

- Part I은 1~25번까지 총 25개의 문항으로 구성된다.
- A-B 두 사람의 대화를 한 문제당 15초 안에 읽고 문맥에 가장 적합한 어휘를 고르는 형식을 취한다.
- 일상대화체 문제를 통해 평소에 자주 쓰이는 기본 어휘와 이디엄 표현을 묻는다.
- LC Section에 빈출하는 표현들 위주로 출제된다. 따라서 LC 실력이 어휘 Part I 실력이라 해도 과언이 아니다.
- TEPS에 등장하는 어휘들은 한 번 익힌 후에 24시간 안에 반복 학습하는 것이 중요하며 1주일 안에 한 번 더 학습하는 자세가 필요하다. 특히 Part 1의 구어체 어휘들은 문장 전체를 암기하는 생활영어가 많으므로 반복학습을 명심하자.
- 관용표현들(idiom)은 그 자체가 자연스럽게 굳어져 쓰이는 것들이므로 그 뜻을 평소에 반복해서 익혀두지 절대로 문제를 풀 수가 없다. 따라서 자신이 모르는 이디엄들이 문제에 등장했다면 그것에 지나치게 매달리

지 말고 과감하게 넘기고 다음 문제를 푸는 것이 좋다.
- 먼저 대화 전체의 의미를 파악한 다음, 문맥에 따라서 선택의 폭을 좁혀나가는 것이 문제를 빨리 푸는 방법이다.
- 평소에 LC 문제를 풀 때 해설에 설명되어 있는 어휘 정리와 예문들을 따로 노트에 정리해둔다. 왜냐하면 그 어휘 예문들이 어휘 Section에 재등장할 수 있기 때문이다.

:: 학습법

- 단어 하나와 우리말 하나를 무작정 암기하기보다는 전체 문맥의 흐름에 가장 적절한 어휘를 선택한다.
- 쉬운 어휘라도 제2, 제3의 의미가 있을 수 있으므로 언제나 문장 안에서의 Usage에 주의한다.
- 회화 위주의 LC 학습을 병행하여 구어적 표현에 주의하며 학습한다.
- 영영사전이나(주로 Longman), 연어사전(Collocation Dictionary)을 적극 활용하여 어휘 선택의 감을 익힌다.

★ TEPS 어휘 Part별 특징 및 학습법

 :: **특징**

- Part II는 26~50번까지 총 25개의 문항으로 구성된다.
- 한 문장으로 구성된 문어체 문장에 가장 적합한 어휘를 선택하는 형식을 취한다.
- Part I이 대화체인 반면 Part II는 문어체 스타일의 어휘들이 주류를 이룬다.
- 동의어, 혼동하기 쉬운 어휘(형태와 의미), 유사 접두사, 주제별 고급 어휘 등이 등장한다.
- 문제로 등장하는 문장 자체를 보면, 어려운 고급 어휘가 주로 후반부에 출제되는 편이다.
- 어휘 시험에 등장하는 선택지들은 모두 의미나 형태가 다른 네 개의 어휘가 주어져 있다. 이 어휘들을 모두 안다면 문제가 없겠지만 그렇지 않다면 이미 알고 있는 어휘들을 담은 선택지를 중심으로 범위를 좁혀나가자.
- 모든 영어 어휘의 각 부분을 구성하는 접두사, 어근, 접미사의 의미를 활용하여 단어의 의미를 외우는 습관이 중요하며 특히 Part 2에 약한 수험생들의 경우 이러한 학습 습관이 필수적이다. 〈TEPS 달인이 되는

법- 유형완성〉의 청해·어휘 편에 이 부분이 자세하게 정리되어 있다.
- 독해공부를 할 때 그냥 지문을 읽고 선택지의 답이 나왔다고 해서 그냥 넘기지 말고 그 지문에 등장했던 문장들의 어휘들 중 전문성을 띤 것들이 있다면 따로 정리해두자.

:: **학습법**
- 〈*TIMES*〉, 〈*NEWSWEEK*〉과 같은 시사교양지나 영자신문을 활용해서 정치, 의학, 역사, 사회, 경제, 예술 등 다양한 분야와 고급 어휘를 익힌다.
- 접두사, 접미사 연구를 통해 전문 어휘력을 향상시킨다.
- 질문에 등장하는 선택지 중 우리말 해석으로 봤을 때 정답이 2개로 보일 경우 앞, 뒤에 주어진 전치사나 부사 등과의 어울림에 유의하여 문제를 푼다.

★ TEPS 어휘 출제경향

TEPS 어휘와 TOEIC 어휘를 비교해본다면 TOEIC 어휘 문제의 경우 사실상 문법 쪽에 가깝다. 이를테면 문제가 주어지고 선택지에 represent, representing, representation 중 어느 것이 적절한가 하는 식의 품사구분의 문제 스타일이다. 이런 TOEIC의 경우 실용 어휘보다는 딱딱한 문어체 어휘에 중점을 두는 것이 사실이고 이런 스타일에 익숙해져 있는 학생들의 경우 TEPS에서 좋은 성적을 거두기가 힘들다. TEPS 어휘영역에서는 평이한 단어에 특히 주목할 필요가 있는데, 우리가 익숙하다고 주의를 기울이지 않지만 실제로는 정확한 쓰임을 몰라서 실수할 수 있는 단어들이 TEPS 어휘영역의 주요 출제대상이 된다.

또한 철자가 비슷한 단어들이나 의미가 비슷한 단어들을 구별하는 문제들도 매회 거의 빠지지 않고 출제되고 있는데, 흔히 동의어라고 여겨지지만 쓰임이 각각 다른 단어들이 상당히 많이 출제되므로 양적인 면에 너무 집착하지 말고, 개별 단어의 정확한 쓰임을 의미 있는 문장을 통해 착실히 익혀두는 습관이 필요하다. 이때 가급적이면 설명과 예문이 풍부한 영영사전을 이용하는 것이 바람직하며, 이러한 실용영어능력에 추가하여, 본 어휘집의 다양한 접근을 통한 전문적인 어휘력으로 보강한다면 TEPS 어휘영역에서 큰 어려움은 없을 것이다. 수험생 개인의 특별한 목적이 있다면 모르겠지만 몇 년이 가도 한 번 볼까 말까한 난해한 단어를 공부하는 데 더 이상 시간을 낭비하지 않는 것이 좋다. TEPS에서는 실제 영어에서 활용빈도가 낮은 표현이나 구문은 출제를 꺼리는 경향이 있다는 점을 명심해두기 바란다.

지금까지 TEPS 어휘영역에서 출제된 단어의 수준은 기존의 다른 영어시험들과 비교할 때 결코 어렵다고 할 수는 없으나, 기본적으로 속도 감각이 뒷받침되어야 좋은 점수를 얻을 수 있다. 신속한 문제 해결 능력을 위해서는 정확한 표현이 내재화되어 있어야 하므로, 쉬운 의미라고 하더라도 반복적으로 활용하는 습관이 중요하다. TEPS 어휘영역에서는 문제를 빠른 속도로 해석하지 못하면 정답을 맞출 수 없다. 개별적인 단어의 뜻을 아는 것만으로는 부족하므로 항상 전체적인 의미를 파악하는 선에서 학습하기 바란다.

★ TEPS 어휘 유형별 학습법

:: 주제별 어휘(Topic Words)

TEPS 어휘학습을 할 때 가장 기본이 되는 파트가 바로 주제별 분류학습이다. 주제별 어휘학습의 경우 어휘 Section 대비뿐만 아니라 독해 Section 대비에도 큰 영향을 미치므로 점수가 낮은 수험자들의 경우, 특히 주제별 어휘에 신경을 많이 쓰도록 하자. 정치, 예술, 경제, 의학, 문화, 과학기술, 종교, 매스미디어 등 다양한 분야에 걸쳐 포괄적으로 출제되므로, 본 어휘집은 이 부분에 중점을 두어 해당 항목에 대한 관련 상식과 함께 주제별 어휘를 포괄적으로 정리했다.

주제별 어휘들을 단순히 나열시켜 놓는 것은 수험영어뿐만 아니라 전반적인 영어공부 측면에서 볼 때 그리 큰 효과를 거두지 못한다. 그것보다는 관련 상식을 담은 지문을 큰 그림으로 제시하고 그 그림 속에서 각각의 주제별 어휘들을 의미 흐름으로 이해하며 정리하는 공부법이 가장 효율적인 것이다. 따라서 본서에서는 1) 지문을 통해 관련 상식의 큰 그림을 주제별로 제시하고, 2) 그 그림 속에 등장한 어휘들을 개별적으로 정리, 나열하며, 3) 그 어휘들에 맞는 기출유형 문장들을 예문으로 정확히 제시하여 완전한 이해위주의 학습이 되도록 구성했으므로, TEPS 어휘공부에 대해서 스트레스가 강한 초보자들에게 상당한 도움이 되리라 믿는다.

:: 혼동하기 쉬운 어휘

크게 보면 '형태를 혼동시키는 유형'과 '의미를 혼동시키는 유형' 두 가지로 출제가 되는데 complimentary/complementary, extension/expansion 등 철자 한두 개 차이로 전혀 다른 의미를 만들거나 physician, physicist처럼 철자가 비슷해 단어 뜻이 혼동되는 경우가 출제된다.

이 부분은 어렵거나 아예 몰라서 틀린다기보다는 시험 볼 때 꼼꼼히 보지 않아서 틀리는 경우가 많은데, 영어가 모국어인 사람들이 공부하듯 반복적인 독서와 직접적인 학습을 통해 극복해나가야 한다. 평소에 실전 문제를 풀 때에는 유사 형태 관련 어휘들의 경우, 문장의 전체적인 의미에 전적으로 의지해서 정답을 찾아야 한다는 점도 기억하자.

오답노트에 비슷한 어휘끼리 분류 정리한 다음 각 단어에 해당하는 예문을 같이 적어서 반복 학습하는 것이 가장 바람직하다.

★ TEPS 어휘 유형별 학습법

:: 연어(Collocation)

「은행 계좌를 열다」는 make가 아닌 open을 써서 open an account이고 「고전음악」은 classic music이 아니라 classical music이다. 이처럼 어느 특정 동사가 특정 명사하고만, 특정 형용사가 특정 명사하고만 어울리는 단어들의 조합을 연어(Collocation)라고 부르는데, 연어는 주로 명사와 다른 품사와의 관계를 다루며 2어 동사는 동사와 다른 품사와의 관계를 다룬다고 볼 수 있다.

연어를 공부할 때에는 개별 단어의 우리말 번역에 얽매이지 말고 각각의 표현 자체를 덩어리째로 암기하는 것이 가장 바람직하며, 빈칸 앞뒤의 표현과 잘 들어맞는 선택지를 찾는 연습을 꾸준히 하는 것이 좋다.

:: 2어 동사(2 Words Verbs)

get over, put down과 같이 「동사+부사」의 형태로 본래 동사의 의미와 완전히 다른 해석을 만들어내는 2어 동사의 경우, 일상생활에서 쓰이는 구어체적 어휘에 대한 수험자의 능력을 측정하는 것을 주목표로 한다. 「동사+전치사」로 된 동사구는 2어 동사라고 하지 않으므로 주의한다. 2어 동사는 put off(~를 연기하다)같은 형식으로 등장하며 이때 off는 전치사가 아니고 부사로 쓰인 것이다.

2어 동사에 사용되는 부사는 대부분이 전치사 출신의 부사이다. 그런데 주의할 점은 2어 동사의 목적어가 일반명사이면, 목적어가 2어 동사 뒤에나 그 사이에 와도 좋지만, 2어동사의 목적어가 대명사(it, them, me, you, him, her 등)이면, 반드시 2어 동사 사이에 와야 한다는 것이다.

2어 동사는 대화체를 다루는 Part I에서 주로 등장하며 상당수의 수험자들이 어려워하는 부분이기도 한데, 같은 동사가 반복적으로 쓰여 자칫 혼동되기 쉽기 때문이다. come의 경우 come to(합계가 ~가 되다), come with(~와 함께 나오다)처럼 다양하게 등장하며 하나의 2어 동사가 다양한 뜻을 가질 수 있어 make up의 경우 거의 10개 이상의 의미로 사용된다. 혼동을 피하려면 짧은 예문을 만들어 문장단위로 암기하거나 부사별, 동사별, 유사의미, 반대의미 등 다양한 분류로 접근해볼 필요가 있다.

★ TEPS 어휘 유형별 학습법

:: 숙어(Idioms)

TEPS 시험에서 가장 빈번하게 출제된다고 볼 수 있는 부분으로 숙어라고도 한다. LC나 문법, 독해 Section에서도 등장하므로 평소에 밑줄을 긋고 따로 정리하여 외우는 것이 가장 바람직하다.

이때 이디엄을 그냥 외우지 말고 그 이디엄을 구성하는 단어 하나하나가 갖는 개별적 의미를 파악하여 왜 그러한 의미로 조합이 되는지를 따져보는 습관이 중요하다.

예를 들어 a big mouth의 경우 원래는 '입이 크다' 라고 해석이 되는데 입이 크다는 의미는 '말이 많다' 는 의미로 확장될 수 있고 결국 이 뜻은 아무에게나 상황분별 없이 마구 말을 하는 '수다쟁이'의 의미로 정리하면 되는 것이다. throw one's towel의 경우 열심히 일을 하다가 자기 스스로 힘들어서 수건을 벗어던진다는 의미에서 확장되어, '자포자기' 라는 의미로 확장이 되는 것이다.

:: 다의어

다의어란 「다양한 의미를 가진 어휘」라는 뜻으로, 각 문장의 맥락에 따라 그 의미가 달라지는 단어를 말하는데 다양한 뜻을 한 몸에 담고 있어서 제2, 제3의 의미에 유의해야 하는 것들이 이에 속한다. 주로 명사로 쓰일 때와 동사로 쓰일 때 의미가 달라지는 어휘들을 중심으로 출제된다.

최근 다의어 관련 문제들의 가장 큰 특징은 출제되는 어휘의 난이도는 그리 어렵지 않은데, 그 어휘의 다양한 정의 중 한국인 수험자들에게 일반적으로 잘 알려지지 않은 정의를 주로 묻는다는 점이다.

예를 들면 appreciate의 경우 '감사하다' 는 의미 이외에도 '이해하다' 는 의미가 있으며 see의 경우 '보다' 는 의미 이외에도 '이해하다' 는 의미가 있는 것이다. 그러므로 한 단어에 하나의 뜻만 한정시켜 단순히 외우는 피상적 학습에 그쳤을 경우 실제 시험에서 많이 틀릴 수 있으므로 평소에 사전을 볼 때 해당 어휘의 제2, 제3의 의미까지 확인하고 정리하도록 한다

Chapter 1

TEPS
기출 주제별 어휘

1. Stock & Insurance

주식 Stock에는 **증권** share과 **채권** bond이 포함되며, 개인투자자 individual investor나 **금융기관** financial institution이 보유하고 있는 **담보** securities, **기업어음** commercial paper 등을 가리키는 유가증권 **일람표** portfolio가 있다. 그리고 미국의 **재무부** the Department of Treasury에서는 **국채** treasury bond를 **발행** issue하고 있다. 증권의 매매는 **증권 거래소** stock exchange에서 이루어지며, 이곳에서 고객에게 투자에 적당한 증권을 안내해주는 사람을 **증권업자** stock broker라고 한다. 주식의 소유주를 **주주** stockholder라고 한다. 자신이 투자한 회사가 **수익** profit을 내면 그 회사 주식에 대한 **주가지수** stock price index가 오르게 되고 자신이 소유한 주에 대한 **배당금** dividend도 받게 된다. 영자신문을 보면 NYSE의 평균 주가를 나타내는 다우존스 **공업평균지수** Dow Jones Industrial Average가 매일 나온다.

주식 & 보험

미국의 많은 기업에서는 주식을 직원들에게 **배당** allot하여 **작업능률** work efficiency 향상이나 **경영 안정화** stabilizing management를 꾀하고 있다. 우리 증권시장에도 미래의 주식 가격을 예측하여 거래하는 **선물 거래** futures trading가 최근에 도입되었다. **보험** Insurance에는 여러 종류가 있지만, 크게 **종합보험** full coverage과 **책임보험** liability으로 나눌 수 있다. 일단 **보험설계사** insurance agent를 통해 보험에 **가입** insure하게 되면 **보험계약자** policyholder는 **보험(증권)** insurance policy에 따른 보험금을 **보험회사** insurance company에 **청구** claim하게 된다. **보상범위** Coverage에는 모든 것을 보상해주는 **종합보험** full coverage과 일부만 보상해주는 **부분보험** partial coverage이 있다. 한편 부득이한 상황으로 **해약** surrender을 하게 되면 **보험준칙** policy statements에 따라 **해약환급금** cash value를 지급받게 된다.

001 stock [= share] [stɑk/stɔk]
Stock analysts make forecast about the future value of stocks.

002 bond [bɑnd/bɔnd]
They issue **bonds** bearing a yearly interest of 5.4 percent.

003 individual investor
A mutual fund reduces the risk to the **individual investors**.

004 financial institution
Managers of the **financial institution** gathered to discuss mortgage policies.

005 security [sikjúəriti]
She gave her house as **security** for the loan.

006 commercial paper
A **commercial paper** is usually issued by companies with high credit ratings.

007 portfolio [pɔːrtfóuliòu]
The average investor expects a return close to 8 percent on his or her **portfolio** of investments.

주식
주식 분석가는 미래의 주가를 예측한다.

채권
그들은 연이율 5.4%의 채권을 발행한다.

개인투자자
뮤추얼 펀드는 개인투자자들의 위험 부담을 덜어준다.

금융기관
금융기관의 책임자들은 주택담보 융자정책을 의논하기 위해 모였다.

담보, 보증물
그녀는 대출을 받으려고 집을 담보로 잡혔다.

상업어음, 기업어음
상업어음은 보통 신용도가 높은 회사에 의해 발행된다.

유가증권(일람표)
평균적으로 투자자가 예상하는 증권 투자 수익률은 8% 정도이다.

008 the Department of Treasury
In 1873, the Mint became a bureau within **the Department of Treasury**.

009 treasury bond
The government will guarantee an annual income higher than the **treasury bond** yield.

010 issue [íʃuː/ísjuː]
Cheap return tickets are **issued** to all West Coast resorts.

011 stock exchange
The New York **Stock Exchange** (NYSE) is open to all visitors, but it is prohibited to take pictures.

012 stockbroker [stákbròukər]
The **stockbroker** expects to see a decrease in the value of stocks this Month.

013 stockholder [stákhòuldər/stɔ́k-]
There was a general meeting of **stockholders** in Busan last week.

014 profit [práfit/prɔ́f-]
We will still be able to make a **profit** at this price.

재무부
1873년 조폐국은 재무부 산하 관청이 되었다.

국고 채권(국채)
정부는 국채 수익보다 높은 연소득을 보장할 것이다.

발행하다
서부의 모든 관광지에 할인 왕복표가 발행되고 있다.

주식거래소, 증권거래소
뉴욕 증권거래소는 모든 방문자에게 공개되고 있지만, 사진 촬영은 금지된다.

주식중개인, 증권업자
주식중개인은 이달의 주가 하락을 예상하고 있다.

주주
지난주에 부산에서 주주총회가 있었다.

이윤, 이익
우리는 이 가격으로도 이익을 낼 수 있을 것이다.

015 stock price index

Korea Composite **Stock Price Index** is often called COSPI in brief.

016 dividend [dívədènd]

A **dividend** of 5 percent on the common shares will be paid.

017 Dow-Jones Industrial Average

The **Dow-Jones Industrial Average** ended down 20.33 points today.

018 allot [əlát/əlɔ́t]

A share was **allotted** to each.

019 work efficiency

Thanks to the office automation, **work efficiency** is increased.

020 stabilize [stéibəlàiz]

It is urgent to **stabilize** exchange rates.

021 management [mǽnidʒmənt]

All candidates must have **management** experience.

022 futures trading

It has more than 30 shareholders including **futures trading** firms.

주가지수
한국종합지수는 줄여서 코스피라고 부르기도 한다.

배당금
보통주에 대해 5%의 이익이 배당될 것이다.

다우존스 공업평균지수
오늘 다우존스 공업평균지수는 20.33 포인트 하락으로 마감되었다.

할당하다, 배당하다
각자가 자신의 몫을 할당받았다.

작업효율, 작업능률
사무자동화 덕분에 작업능률이 증대되었다.

안정화시키다
환율 안정화가 시급하다.

경영, 관리
모든 지원자는 관리경험이 있어야 한다.

선물 거래
선물 거래 회사를 포함하여 30명 이상의 주주를 가지고 있다.

023 insurance [inʃúərəns]
My mother did not have health **insurance**.

024 liability [làiəbíləti]
The company did not want to accept **liability** for the accident at the factory.

025 insurance agent
I have to see my **insurance agent** this afternoon.

026 insure [inʃúər]
She **insured** her property against fire recently.

027 policyholder [páləsihòuldər/pɔ́l-]
The **policyholder** will be insured for at least 3 years.

028 insurance policy
He bought a life **insurance policy** at his friend's recommendation.

029 insurance company
The **insurance company** paid immediately on the claim.

030 claim [kleim]
He **claimed** one million dollars in damages.

031 coverage [kʌ́vəridʒ]
I want to know if you offer me full **coverage** against fire and accident.

보험
우리 어머니는 보험에 들어 있지 않았다.

책임(보험)
회사 측은 공장에서의 사고에 대한 책임을 인정하고 싶지 않아 했다.

보험대리점, 보험설계사
오늘 오후에 보험 설계사를 만나야 한다.

보험에 가입하다
그녀는 최근 소유물을 화재 보험에 들었다.

보험계약자
보험 계약자는 적어도 3년간 보장을 받을 것이다.

보험증권
그는 친구의 추천으로 생명보험에 가입했다.

보험회사
보험회사는 요청에 따라 즉시 보험금을 지급하였다.

청구하다
그는 백만 달러의 손해 배상을 요구하였다.

보상, 보상범위
화재와 사고를 모두 보상해주는 보험 상품을 제공하는지 알고 싶다.

032 surrender [səréndər]

Since he lost his job, he had to **surrender** his insurance policy.

033 policy statement

Our new **policy statement** will come into effect from May 1st.

034 cash value

Even if you receive your **cash value**, you can retain your life insurance protection.

해약하다
그는 실직으로 인해 보험을 해약해야 했다.

보험준칙
새 보험준칙은 5월 1일부터 효력을 갖게 된다.

해약환급금
해약환급금을 지급받더라도 생명보험 혜택을 계속 유지할 수 있다.

2. Law & Justice

월드컵 기간 동안 발생한 미국 탱크에 의해 여중생 두 명이 **압사당한** crushed to death 사건은 많은 국민을 분노에 떨게 하였다. 문제의 핵심은 **고소당한** accused 세 명의 미군들이 미국 군법정에서 있었던 **재판** trial에서 **무죄** not-guilty로 밝혀졌다는 것이다. 대부분의 국민들은 미국이 자신들을 **정의** justice의 **선구자** vanguard라고 주장하면서, 실제로는 미국의 **헌법** constitution을 **위반** violate한 행동을 일삼고 있다고 믿고 있다. **논쟁** Dispute의 쟁점은, 주한미군측은 해당 **소송** case을 **과실치사** manslaughter라고 **주장** asserts하였지만 한국인들은 자명한 **살인** homicide이라고 **주장** claim하는 데 있었다. 재판이 끝난 후, **원고** plaintiff인 한국 국민 상당수는 **피고** defendant인 미국을 국제 소송에 **고소** sue하여 그들의 **범죄** offence를 반대 **심문** cross-examine했던 사실을 기억한다.

---

035 **crush to death**
A lot of people were **crushed to death** when the building collapsed.

036 **accuse** [əkjúːz]
Michael was **accused** of murder.

법과 정의

당시의 **운동** movement이 **친평양** Pro-Pyungyang 세력에 **악용** exploit되어서는 안 된다는 것이 정치 **전문가들** political experts의 **견해** view였다. 2001년 911 테러 이후 **부시 정부** Bush Administration가 대테러 **전쟁** War on Terror을 **선언** proclaim할 때만 하더라도, 이는 미국이 **외국정책** foreign policy의 **패권** hegemony을 밀어 붙이기 위한 **전술** tactics의 일부로 인식되었다. 일부에서는 부시 정부가 미국 시민들의 슬픔, 분노, 복수심을 이용해 아프가니스탄이나 이라크 등 지정학적·경제적 이해관계가 민감한 국가를 공격하는 **도덕적 책무** moral obligations로 삼았다는 **비난** criticism도 제기되었다. 하지만 1,000여 명의 사상자를 낸 러시아 북오세티야 학교 **인질** hostage 사태를 비롯하여 테러 공포가 확산된 지금, **대테러 전쟁** War on Terror은 미국만이 아닌 전 세계가 **직면** confront해야 할 **이념적** ideological 국면으로 변모했다.

압사시키다
건물이 무너졌을 때 많은 사람들이 압사당했다.

고소하다, 고발하다
마이클은 살인 혐의로 고소되었다.

037 **trial** [tráiəl]
Peter is on **trial** for robbery.

038 **guilty** [gílti]
She is not **guilty**.

039 **justice** [dʒʌ́stis]
He lacks a sense of **justice**.

040 **vanguard** [vǽngɑːrd]
Mike has always been in the **vanguard** of new fashion trends.

041 **constitution** [kɑ̀nstətjúːʃən / kɔ̀n-]
It is against the **Constitution** of the US.

042 **violate** [váiəléit]
Jane was arrested for **violating** the law.

043 **dispute** [dispjúːt]
The insurance company is involved in a legal **dispute** with the customers.

044 **case** [keis]
The lawyers will not be paid if they lose the **case**.

045 **manslaughter** [mǽnslɔ̀ːtər]
He was found guilty of **manslaughter**.

재판, 심리
피터는 강도 혐의로 재판에 회부되어 있다.

유죄의
그녀는 죄가 없다.

정의, 공정
그는 정의감이 없다.

선두, 선봉, 전위
마이크는 언제나 새로운 패션 동향의 선두를 지켜왔다.

헌법
그것은 미국 헌법에 위배된다.

위반하다, 어기다
제인은 위법 혐의로 체포되었다.

논쟁, 분쟁
보험회사는 고객들과의 법적 분쟁 중에 있다.

소송 사건
만약 소송에서 지게 된다면, 변호사들은 변호료를 받지 못할 것이다.

과실치사
그의 과실치사 혐의가 유죄로 평결되었다.

046 **assert** [əsə́ːrt]
They **assert** that atomic power is a safe energy source.

047 **homicide** [hɑ́məsàid/hɔ́m-]
She witnessed the scene of the **homicide**.

048 **claim** [kleim]
The family of the victim **claimed** damages.

049 **plaintiff** [pléintif]
The judge decided the case in favor of the **plaintiff**.

050 **defendant** [diféndənt]
The jury found the **defendant** not guilty.

051 **sue** [suː/sjuː]
The company **sued** a reporter for spreading a rumor.

052 **offence** [əféns]
To possess stolen items is also a criminal **offence**.

053 **cross-examine**
It is the last chance for you to **cross-examine** him.

054 **movement** [múːvmənt]
He is leading a **movement** to stop destruction of the ecosystem.

주장하다, 단언하다
그들은 원자력이 안전한 에너지원이라고 주장한다.

살해
그녀는 살해 장면을 목격하였다.

주장하다, 요구하다
희생자의 유족은 손해배상을 요구하였다.

원고, 고소인
판사는 원고에게 유리하게 사건을 판결하였다.

피고
배심원은 피고가 무죄임을 평결하였다.

고소하다, 소송을 제기하다
회사는 유언비어를 퍼뜨린 신문기자를 고소하였다.

범죄, 위법행위
장물을 소유하는 것 역시 범죄 행위이다.

반대 심문하다
당신이 그를 반대 심문할 마지막 기회이다.

(정치적) 운동, 동향
그는 생태계의 파괴를 저지하는 운동을 이끌어 나아가고 있다.

055 **Pro-Pyungyang**
The US government is afraid of **Pro-Pyungyang** groups.

056 **exploit** [éksplɔit/iksplɔ́it/iksplɔ́it]
Employers should not **exploit** their employees.

057 **political** [pálitikəl/pɔ́l-]
Most people are not **political**.

058 **expert** [ékspəːrt]
She is an **expert** on plant diseases.

059 **view** [vjuː]
Paul has other **views** about politics.

060 **Bush Administration**
Bill Richardson criticized the **Bush Administration** for withdrawing troops from Korea.

061 **War on Terror**
Bush mismanaged the **War on Terror**.

062 **proclaim** [proukléim/prə-]
The King of Sparta **proclaimed** war.

063 **hegemony** [hidʒéməni/hédʒəmòuni]
Big countries are competing to hold world **hegemony**.

친평양, 평양을 지지하는
미국 정부는 친평양 단체를 두려워하고 있다.

착취하다, 등쳐먹다
고용주는 종업원을 착취해서는 안 된다.

정치적인
대부분의 사람들은 정치적이지 않다.

전문가
그녀는 식물 질병 전문가이다.

견해
폴은 정치에 대해 다른 견해를 가지고 있다.

부시 정부, 부시 정권
빌 리처드슨은 한국에서 미군이 철수하는 것에 대해 부시 정부를 비난하였다.

대테러 전쟁, 테러에 대응하는 전쟁
부시는 대테러 전쟁에 소홀하게 대처하였다.

선언하다, 공포하다
스파르타의 왕은 전쟁을 선포하였다.

패권, 지배권

064 **policy** [páləsi/pól-]
Our **policy** toward North Korea needs to be changed.

065 **tactics** [tǽktiks]
Strategy wins wars, **tactics** wins battles.

066 **moral obligations**
He tried hard to fulfill his **moral obligation** to help the poor.

067 **criticism** [krítisìzəm]
Her inappropriate behavior aroused **criticism**.

068 **hostage** [hástidʒ/hɔ́s-]
The robber is holding a man **hostage**.

069 **confront** [kənfrʌ́nt]
I was **confronted** with money problems.

070 **ideological** [àidiəládʒikəl, ìd-/-lɔ́dʒ-]
They argued often because of their **ideological** differences.

강대국들은 세계의 패권을 장악하기 위해 경쟁하고 있다.

정책
우리의 대북 정책은 변화가 필요하다.

전술, 병법 (단수취급)
전략은 전쟁의 승리를 가져오고, 전술은 전투의 승리를 가져온다.

도덕적 책무
그는 빈곤한 자를 도와야 한다는 도덕적 의무를 다하기 위해 열심히 노력했다.

비난, 비평
그녀의 부적절한 행동이 비난을 초래하였다.

인질, 담보
강도는 한 남자를 인질로 붙잡고 있다.

직면하다, 맞서다
나는 돈 문제에 직면하였다.

이념적, 이념상의
그들은 이념적 차이로 인해 자주 말다툼을 벌였다.

3. Shopping

미국인의 **쇼핑문화** shopping culture에서 빼놓을 수 없는 곳은 여러 **백화점** department store 주변에 매장이 몰려있는 **쇼핑몰** shopping mall이다. 이곳에서는 **고객** customers이 **제품정보** product information에 대해 물어보지 않는 이상 **판매원** salesperson이 귀찮게 하는 경우가 없으므로 편안한 쇼핑을 즐길 수 있다. **불량품** Defective item은 대부분 **환불** refund이 가능하므로 **구매** purchase할 때 **영수증** receipt을 꼭 챙겨야 한다. 특히 **가전제품** home appliance은 **품질보증서** warranty를 꼭 확인해야 한다. 미국인은 평상시 Wal-Mart와 같은 전국 체인의 **소매상** retailer이나 **도매상** wholesale club을 많이 이용한다. 그들은 주로 1, 2주에 한 번 **장보는 날** stock-up day을 정해 온 가족을 동원하여 한꺼번에 쇼핑카트 가득히 필요한 물건을 사들인다. 따라서 **포장단위** packing unit가 크고 가격이 저렴한 **도매점** warehouse을 많이 이용하는 편이다. 미국의 슈퍼마켓에는 **계산원** cashier이 여러 명 있는데, 소량의 물건을 산 사람이 빨리 계산할 수 있는 **빠른 계산대** express counter도 마련되어 있다.

쇼핑

미국의 백화점에서도 다양한 세일을 하는데, 특히 추수감사절이나 크리스마스 같은 때에는 쇼핑몰에서 갖가지 행사를 하며 **즉석 할인** drastic sale을 한다. 이때를 잘 이용하면 저렴한 가격에 물건을 살 수 있다. 특히 크리스마스 다음날에 하는 **크리스마스 이후 세일** after-Christmas sale 때는 물건이 **매진** sold out되어 사지 못하는 수도 있다. 세일 상품에는 "25% off"와 같은 표시가 있다. 또한 "**창고정리 판매** clearance sale" 기간에는 상점의 **재고품** inventory에 있던 물건을 싸게 살 수 있다. 그리고 **신상품** brand-new goods을 **무이자** interest-free로 **할부** installments 판매하거나, **무료** gratis로 다른 물건을 끼워서 팔기도 한다. 또한 돈을 절약하는 방법으로 잡지, 신문이나 **광고전단** leaflet에서 오린 **쿠폰** coupon을 사용하는 것이 일반화되어 있다.

071 shopping culture
There are differences in **shopping cultures** among different countries.

072 department store
Men's clothing are on sale in the **department store.**

073 shopping mall
The **shopping mall** in downtown is always mobbed on weekends.

074 customer [kʌstəmər]
Customers will get 10% off all shirts purchased before May 1st.

075 product information
New **product information** is included with the catalog.

076 salesperson [séilzpə̀:rsn]
Congratulations on your **salesperson** of the year award.

077 defective item
Defective items will be refunded or replaced by new ones.

쇼핑문화
여러 나라에서 쇼핑 문화가 다 다르다.

백화점
백화점에서 남성 의류 세일 중이다.

쇼핑몰
시내의 쇼핑몰은 주말마다 항상 혼잡하다.

고객, 손님
5월 1일 전에 구매하는 고객에 한하여 모든 셔츠를 10% 깎아줄 것이다.

제품정보
상품 안내서에는 신제품 정보가 포함되어 있다.

판매원, 점원
올해의 판매왕이 되신 것을 축하드립니다.

불량품
불량품은 환불 또는 새것으로 교환된다.

078 **refund** [ríːfʌnd/ríːfʌnd]

Three days cancellation notice is required for full **refund**.

079 **purchase** [pə́ːrtʃəs]

We made a good **purchase** of this volume.

080 **receipt** [risíːt]

The items have **receipts**, but no descriptions.

081 **home appliance**

Save 45% on **home appliances**, including refrigerators and dishwashers!

082 **warranty** [wɔ́(ː)rənti/wár-]

The one-year **warranty** promises that, if an appliance fails due to a manufacturing defect, we will repair it for free.

083 **retailer** [ríːteilər]

About 20 percent of deliveries by traditional **retailers** were on time.

084 **wholesale club**

There is a **wholesale club** by my house.

085 **stock-up day**

Every Tuesday is our **stock-up day**.

환불하다, 환불
사흘 전에 예약취소를 알려야만 전액 환불받을 수 있다.

사다, 구매
우리는 이 책을 싸게 샀다.

영수증, (~의) 영수증을 발행하다
그 물건들에는 영수증이 첨부되어 있지만 설명이 없다.

가전제품
냉장고와 식기세척기를 포함하여 가전제품 45% 세일 중입니다!

품질보증서
만약 제조 불량으로 인해 제품이 오작동할 경우 무상으로 수리해드릴 것을 1년간 보증해드립니다.

소매상
전통적인 상점들은 단지 20%만이 제때 배달되었다.

도매상, 할인점
우리 집 근처에 도매상이 있다.

장보는 날
매주 화요일은 장보는 날이다.

086 shopping cart

It is dangerous to let the children play with a **shopping cart**.

087 packing unit

The **packing unit** for the apples is 3kg per box.

088 warehouse [wɛərhàus]

It has a huge **warehouse** by the factory building.

089 cashier [kæʃíər/kə-]

The **cashier** was so busy that I had to wait for 30 minutes.

090 express counter

This supermarket does not have an **express counter**, which is inconvenient.

091 drastic sale

It is hard to buy the items when there is a **drastic sale** in the department store.

092 after-Christmas sale

In the States, there is a big **after-Christmas sale** each year.

093 sold out

The wine will soon be **sold out**.

쇼핑카트
아이들이 쇼핑카트를 가지고 놀게 내버려두는 것은 위험하다.

포장단위
사과의 포장단위는 박스 당 3kg이다.

창고, ⓔ도매점
공장건물 옆에 큰 창고가 있다.

계산원
계산원이 너무 바빠서 30분이나 기다려야 했다.

빠른 계산대
이 슈퍼에는 빠른 계산대가 따로 없다. 그래서 불편하다.

즉석 할인
백화점에서 즉석 할인을 할 때 물건을 구입하기가 어렵다.

크리스마스 이후 세일
매년 미국에서는 크리스마스 이후 큰 세일을 한다.

매진, 다 팔리다
포도주가 곧 품절될 것이다.

094 **25% off**
The skirt is **25% off** until this weekend.

095 **clearance sale**
This Saturday we're having our biggest ever **clearance sale**!

096 **inventory** [ínvəntɔ̀ːri/-təri]
You need to reduce **inventory** further over the next few weeks.

097 **brand-new goods**
The items in the show-window are all **brand-new goods**.

098 **interest-free**
We offer three months installment **interest-free**.

099 **installment** [instɔ́ːlmənt]
The first **installment** on the mortgage becomes due in two months.

100 **gratis** [gréitis/grǽt-]
Medical advice was provided **gratis**.

101 **leaflet** [líːflit]
She was passing out **leaflets** on the street.

102 **coupon** [kjúːpɑn/-pɔn]
This **coupon** is for 10% off toilet paper.

25% 할인
이번 주말까지 치마를 25% 할인한다.

창고 정리 판매
이번 주 토요일에 사상 최대의 재고품 세일을 합니다!

재고품
앞으로 몇 주에 걸쳐 재고를 좀 더 줄여야 한다.

신제품, 신상품
진열된 상품은 모두 신상품이다.

무이자로
우리는 무이자 3개월 할부를 제공한다.

할부
담보 대출에 대한 첫 불입금 납부 기일은 2개월 후가 된다.

무료(로)
의료상담이 무료로 제공되었다.

광고전단
그녀는 거리에서 전단을 돌리고 있었다.

쿠폰, 할인권
이 쿠폰은 화장지 10% 할인권이다.

4. Hotel

호텔 **예약** reservation은 일찍 하는 것이 좋다. 예약이 **매진** Fully booked되어서 방을 못 구할 수도 있기 때문이다. 전화로 예약을 할 경우 호텔 예약 담당자가 도착 시간, 숙박일시, 인원수와 **1인실** single, **2인실** double, **2침대 2인실** twin 등의 원하는 객실 종류를 묻는다. 그리고 **흡연실** smoking room과 **금연실** non-smoking room 중에서 원하는 쪽을 물은 뒤 손님에게 **객실요금** room rate을 알려주고 손님의 예약 여부를 묻게 된다. 그러면 본인의 이름을 말하고 방을 잡아두면 된다. 이때 **예약번호** reservation number도 함께 받게 되는데 예약 확인이나 취소시에 필요하므로 잘 적어두어야 한다. 호텔에 도착하면 먼저 **안내 데스크** front desk로 가서 **체크인** check-in을 해야 한다. **접수원** Receptionist에게 본인 이름과 예약한 객실 종류를 말하고 **투숙명부** registration card를 작성하면 객실 열쇠를 받게 된다. 이때 **열쇠 보증금** key deposit을 내는데 열쇠를 분실하지 않으면 **체크아웃** check-out 때 환불받게 되어 있다.

---

103 **reservation** [rèzərvéiʃən]

I would like to make a **reservation** for 2 single rooms.

호텔

짐이 많은 경우에는 **도어맨** doorman이나 **벨 보이** bellboy의 도움을 받는다. 물론 이들에게 **봉사료** service charge인 **팁** gratuity을 주어야 한다. 팁은 몇 달러 이내에서 해결하면 된다. 웬만한 규모의 호텔에는 호화로운 거실과 침실이 있는 **스위트 룸** suite이 있으며, 대규모 **정원** capacity을 갖춘 대회의실, 사우나, 헬스클럽 등의 **편의시설** accommodation이 갖추어져 있다. 호텔에서 사람을 찾을 때에는 **호출하는** page 방법을 사용하기도 한다. 보통 하루에 한 번 정도씩 **방을 치워주는 서비스** maid service를 한다. 팁은 책상 등에 놓아두면 된다. 그리고 음식 등을 객실로 가져다주는 **룸서비스** room service도 제공되는데 대부분 음식값과 함께 팁을 주는 것이 일반적이다. 다음날 아침 일찍 일어날 필요가 있을 때 **모닝콜 서비스** wake-up call service를 신청하면 원하는 시간에 **교환원** operator이 **객실** guest room로 전화를 해서 잠을 깨워준다. 외출할 때는 프런트에 객실 열쇠를 맡기거나 휴대할 수 있다. 외출 시 **귀중품** valuables은 직접 소지하거나 프런트의 **보관함** safety box에 보관하도록 한다.

예약
1인실 2개 예약하고 싶습니다.

104 fully booked
I am sorry, but the rooms are **fully booked**.

105 single room
cf. double room, twin room
We have 50 **single rooms** and 45 double rooms in our motel.

106 smoking room
cf. non-smoking room
Would you prefer a **smoking room** or a non-smoking room?

107 room rate
The **room rate** is not very expensive here.

108 reservation number
Please enter your **reservation number** to reconfirm your reservation status.

109 front desk
Could you take care of the **front desk** for a while?

110 check-in
He is **checking in** for the night.

111 receptionist [risépʃənist]
There were more than 5 **receptionists** in this hotel.

예약이 매진되다
죄송하지만 모든 객실 예약이 매진되었습니다.

1인실
cf. 1침대 2인실, 2침대 2인실
우리 모텔에는 1인실 50개와 2인실 45개가 준비되어 있다.

흡연실
cf. 금연실
흡연실과 금연실 중 어느 것이 더 좋습니까?

객실요금
이곳의 객실 요금은 별로 비싸지 않다.

예약번호
예약상태를 재확인하기 위해 예약번호를 입력하시오.

프런트 데스크
잠시 프런트 데스크 좀 봐줄래요?

체크인, 입실
그가 숙박을 하려고 체크인하고 있다.

접수원
이 호텔에는 5명 이상의 접수원이 있었다.

112 registration card
Fill out the **registration card** first, please.

113 key deposit
You will need to pay $10 for a **key deposit**.

114 check-out
You need to **check-out** before noon.

115 doorman [dɔ́ːrmən/-mæ̀n]
You don't have to give tips to the **doormen**.

116 bellboy [bélbɔ̀i]
The **bellboy** does not work well.

117 service charge
The **service charge** might be deferred in some cases.

118 gratuity [grətʃúːəti]
We usually pay 15% **gratuity** at a restaurant.

119 suite [swiːt]
If you stay at a **suite**, you have to pay more than $500.

120 capacity [kəpǽsəti]
The stadium has a seating **capacity** of 5,000.

투숙명부, 방명록
우선 투숙명부에 기록하여 주십시오.

열쇠 보증금
열쇠 보증금으로 10달러를 지불해야 할 것이다.

체크아웃, 퇴실
정오 전에 퇴실해야 한다.

도어맨, 문지기
문지기에게는 팁을 주지 않아도 된다.

벨 보이, 사환
벨 보이는 일을 잘 하지 못한다.

봉사료
어떤 경우에는 봉사료가 나중에 지불되기도 한다.

팁
식당에서 보통 15%의 팁을 지불한다.

스위트 룸
스위트룸에서 자려면, 적어도 500달러 이상 지불해야 한다.

정원
그 경기자은 5,000명을 수용할 수 있는 좌석을 보유하고 있다.

121 **accommodation** [əkɑ̀mədéiʃən/əkɔ̀m-]
Rates are higher for this **accommodation**.

122 **page** [peidʒ]
I will have him **paged** and tell him you are here.

123 **maid service**
Maid services are provided in most hotels.

124 **room service**
If you want **room service**, press zero on the interphone.

125 **wake-up call service**
A **wake-up call service** is available upon your request.

126 **operator** [ɑ́pərèitər/ɔ́p-]
Press "#" to get the **operator**.

127 **guest room**
This hotel has 128 **guest rooms**.

128 **valuables** [vǽljuːəbəlz/-ljəbəlz]
Please leave your **valuables** in the safe.

129 **safety box**
The **safety boxes** are next to the reception.

편의시설, 숙박시설
이 편의시설의 요금은 더 비싸다.

사환을 시켜 〈사람을〉 찾게 하다, 호출하다
나는 그 사람을 호출해서 당신이 여기에 있다고 알려주겠다.

메이드 서비스, 방을 치워주는 일
대부분의 호텔에서는 메이드 서비스가 제공된다.

룸서비스
룸서비스를 원하면 인터폰의 '0'번을 누르시오.

기상 알림 서비스, 모닝콜 서비스
모닝콜 서비스가 필요하면 요청할 수 있다.

교환원
교환원을 연결하려면 #버튼을 누르시오.

손님방, 객실
이 호텔은 128개의 객실이 있다.

귀중품
귀중품은 금고에 넣으세요.

보관함
접수대 옆에 보관함이 있다.

5. Occupation

직업 Occupation이란 사회에서 생활하는 사람들이 **능력** capability과 **재능** competency에 따라 **종사** engage in하며, 정신적·육체적 에너지의 소모에 따른 대가로서 **보수** payment를 받아 생활을 지속해 나가는 활동 양식이다. 이것은 **불로소득** an unearned income(a windfall income)이나 **취미** hobby와는 구별된다. 활동의 지속성이 유지되기 위해서는 재능과 적성이 합치되어야 하며 사회적으로 **합법적인** lawful(legal) 것으로서 **사회적 역할** social role을 할 수 있어야 한다. 고대 사회에서도 **주술** incantation, **점술** fortune telling, **퇴마사** exorcist 등이 존재하였으나, 주로 제사 참여를 중심으로 하는 **명예직** honorary post의 신관 성격을 띠었다. 경제수준이 낮은 시대에 직업의 **전문화** specialization는 실제로는 일어나지 않았으며, 다소의 **전문성** expertness이나 **도구** tool를 가진 사람이 **원자재** raw material를 가지고 오는 고객의 주문에 응하여 특정의 물건을 생산하는 정도였다.

직업

유럽에서도 14세기를 넘어서면서부터 **수공업자** handicraftsman에 의하여 경영적 요소가 가해지고(원재료의 구입이나 작업장의 소유 등), **동업자** fellow trader 간의 길드 결성이 성행함에 따라 **솜씨** dexterity, **지방 자치** home rule, **직업의식** occupational consciousness이 고양되었고, 오늘날의 직업과 가까운 의미의 개념이 형성되었다. 그러나 직업선택의 자유는 허용되지 않았으며, 어떤 면에서는 **특권** privilege이면서도 반면 **유전적인** hereditary **구속** binding을 받지 않을 수 없었다. **산업혁명** Industrial Revolution 이후, 상업의 번영과 함께 직업의 **다양화** diversification가 진행되었는데, 동시에 **계급화** class differentiation가 일어났고 기술·교육·정치·기타 문화가 **자본주의** capitalism 사회의 전개에 부응하여 발달하였으며, 형식상의 직업의 자유가 **육체노동자** a manual laborer를 대량으로 발생시켰다.

130 **occupation** [àkjəpéiʃən/ɔ̀k-]
He is a soldier by **occupation**.

131 **capability** [kèipəbíləti]
He has no **capability** to deal with the matter.

132 **competency** [kámpətəntsi/kɔ́m-]
There is no doubt of her **competency** to do the work.

133 **engage in**
She actively **engaged in** volunteer work.

134 **payment** [péimənt]
We will be happy as long as we can make **payments** for our house.

135 **unearned income**
Unearned income is money you receive from something other than working.

136 **windfall income (= easy money)**
Windfall income tends to be wasted easily.

137 **hobby** [hábi/hɔ́bi]
My **hobby** is reading cartoons.

직업
그는 직업 군인이다.

능력
그는 그 일을 처리할 능력이 없다.

재능, 적성
그 일에 대한 그의 재능을 의심할 여지가 없다.

종사하다
그녀는 자원 활동에 적극적으로 참여하고 있었다.

보수, 지불, 납입
우리가 집세를 낼 수 있는 한 우리는 행복할 것이다.

공돈, 불로소득
불로소득은 일을 하지 않고 받는 돈이다.

공돈(= easy money)
공돈은 쉽게 낭비되는 경향이 있다.

취미
내 취미는 만화책을 읽는 것이다.

138 lawful (= legal)
Hunting is a **lawful** activity in the States.

139 social role
Each person ought to fulfill his or her **social roles**.

140 incantation [ìnkæntéiʃən]
The witch started to make an **incantation**.

141 fortune telling
Fortune telling was very popular in the ancient society.

142 exorcist [éksɔːrsìst]
The **exorcist** tried to save her from the evil.

143 honorary post
She took up a **honorary post** as a professor in UCLA.

144 specialization [spèʃəlizéiʃən]
Through this kind of **specialization** we could enhance our productivity.

145 expertness [ékspərtnis]
The interviewers must evaluate the **expertness** of the interviewees.

합법적인
미국에서 사냥은 합법 행위이다.

사회적 역할
개개인은 그들의 사회적 역할을 다 하여야 한다.

마술, 주술
마녀는 주문을 외우기 시작했다.

점술
고대 사회에서 점술은 매우 인기가 있었다.

구마사(퇴마사)
퇴마사는 그녀를 악마로부터 구하려고 노력하였다.

명예직
그녀는 UCLA에서 명예교수직을 받았다.

전문화
이러한 전문화를 통하여 우리는 생산성을 증대시켰다.

숙달, 전문성
면접관은 면접생의 전문성을 평가해야 한다.

146 **tool** [tuːl]
The internet is a useful **tool** for advertising.

147 **raw material**
Prices for **raw materials** have been falling since last month.

148 **handicraftsman** [hǽndikrǽftsmən/-krɑ̀ːfts-]
The **handicraftsmen** became wage-workers.

149 **fellow trader**
He argued with his **fellow trader**.

150 **dexterity** [dekstérəti]
Playing the piano can improve children's manual **dexterity**.

151 **home rule**
Home rule is the right of the people in a country to control their own affairs.

152 **occupational consciousness**
The nurse lacks the **occupational consciousness**.

153 **privilege** [prívəlidʒ]
It is our **privilege** to be invited to your party.

연장, 도구
인터넷은 광고를 하기 위한 유용한 도구이다.

원료, 원자재
원자재 가격이 지난달부터 계속 떨어지고 있다.

수공업자
수공업자들은 봉급 근로자가 되었다.

동업자
그는 그의 동업자와 말다툼을 하였다.

솜씨, 손재주
피아노를 치면 아이들의 손재주를 계발시킬 수 있다.

지방 자치, 지방의 특색
지방 자치란 한 지역의 주민이 스스로 문제를 해결하는 권리를 말한다.

직업의식
그 간호사는 직업의식이 결여되어 있다.

특권
파티에 초대받게 되어 영광이다.

154 **hereditary** [hirédətèri/-təri]
He possesses quite a lot of **hereditary** properties from his family.

155 **binding** [báindiŋ]
The panel's decisions were not **binding** on the government.

156 **Industrial Revolution**
The **Industrial Revolution** took place in the 18th century.

157 **diversification** [divə:rsəfikéiʃən/dai-]
They are trying to achieve **diversification** of export markets.

158 **class differentiation**
The social **class differentiation** still exists even in the advanced countries.

159 **capitalism** [kǽpitəlìzəm]
Capitalism is not compatible with socialism.

160 **manual laborer**
Most **manual laborers** had to leave the factory.

세습되는, 유전의
그는 가족으로부터 물려받은 상당한 유산을 소유하고 있다.

의무, 구속
위원단의 결정은 정부에 대한 구속력이 없었다.

산업혁명
18세기에 산업혁명이 발생하였다.

다양화
그들은 수출시장의 다변화를 꾀하고 있다.

계층차이, 계급화
심지어 선진국에서도 사회적 계층 차이는 여전히 존재한다.

자본주의
자본주의는 사회주의와 양립할 수 없다.

육체노동자
대부분의 노동자는 공장을 떠나야만 했다.

6. Economy

경제학 이론 Economic Theory에 의하면 **공급자** supplier가 상품 goods을 **과잉공급** oversupply하여 공급이 **소비자** consumer의 **수요** demand를 지나치게 초과하면 가격이 떨어지고 **디플레이션** deflation이 발생하게 된다. 반대로 수요에 비해 공급자의 **생산물** output이 부족해지면 가격이 치솟고 **인플레이션** inflation이 발생한다. **불경기** Recession는 과잉 소비와 **무역수지적자** trade deficit 등의 복합적인 요인에서 비롯되는데, **경기침체** economic stagnation가 지속되면 개인의 **소비** consumption가 줄게 되고 자연히 판매부진에 따른 **수입** income의 감소로, 기업들의 **파산** bankruptcy이 빈발하고 **주가** stock price가 **폭락** plunge한다.

경제

이때 정부는 **부진한** sluggish 경기에 활력을 가하기 위해 기업에 **감세** tax reduction 혜택을 주기도 한다. 경제적인 측면에서 볼 때, 일시적인 급격한 **증가** boom 나 갑작스런 **침체** slump 현상은 바람직하지 않다. 그러므로 **불안정** fluctuate 한 경기보다는 **안정된** stable 경기를 유지하도록 경제의 모든 **분야** sector 가 함께 노력해야 한다. 경제를 **안정** stabilize 시키려면 경기가 **활발** brisk 할 때에도 소비자는 **낭비** extravagant 하는 습관을 버리고 **검약** thrifty 하는 생활을 해야 한다. 또한 기업은 설비 확충과 연구개발 R&D 에 지속적인 **투자** investment 를 하여 **경쟁력** competitive edge 을 확보해야 한다. 정부는 국가의 **인프라** infrastructure 를 튼튼히 하여 기업의 **생산 활동** production activity 을 지원해야 한다.

161 economic theory
This is against the **economic theory**.

162 supplier [səpláiər]
Our **suppliers** are diminishing in numbers.

163 goods [gudz]
These **goods** are on sale.

164 oversupply [òuvərsəplái]
We have an **oversupply** of water.

165 consumer [kənsú:mər]
There are few **consumers** who purchase this item.

166 demand [dimǽnd/-má:nd]
The **demand** for gasoline has been increasing.

167 deflation [difléiʃən]
Deflation is a reduction in economic activities.

168 output [áutpùt]
The amount of **output** was not satisfactory.

169 inflation [infléiʃən]
There was no way to counter the **inflation**.

경제학 법칙, 경제 이론
이것은 경제학 법칙에 어긋난다.

공급자
공급자의 숫자가 줄어들고 있다.

상품, 제품
이 제품은 할인판매 중이다.

과잉공급
물이 과잉공급되고 있다.

수요자, 소비자
이 제품을 구매하는 소비자가 거의 없다.

수요
가솔린에 대한 수요가 계속 증가해왔다.

디플레이션
디플레이션은 경제활동의 감소를 말한다.

생산물, 결과
그 생산물의 양은 만족스럽지 못했다.

인플레이션
인플레이션을 방지할 방법이 없었다.

170 recession [riséʃən]
The Japanese economy is reviving after enduring several years of **recession**.

171 trade deficit
The Korean government is pleased with new statistics revealing a decline in the nation's **trade deficit**.

172 economic stagnation
It will take some time to overcome the **economic stagnation**.

173 consumption [kənsʌ́mpʃən]
We must decrease our **consumption** of greasy food.

174 income [ínkʌm]
Exports to the US are providing most of the nation's **income**.

175 bankruptcy [bǽŋkrʌptsi/-rəpsi]
She isn't able to save her father's grocery store from **bankruptcy**.

176 stock price
Stock prices are falling sharply in the stock market.

177 plunge [plʌndʒ]
Their stock prices have **plunged** dramatically recently.

불경기, 경기침체
일본 경제는 여러 해 동안의 불황 후 경기가 회복하고 있다.

무역수지적자
한국 정부는 무역수지적자가 감소되고 있다는 새로운 통계 결과를 듣고 기뻐하고 있다.

불경기, 경기침체
경기침체를 극복하려면 시간이 걸릴 것이다.

소비
우리는 기름진 음식의 소비를 줄여야 한다.

수입
미국으로의 수출이 그 나라의 주 수입원이다.

파산
그녀는 아버지의 식료품점이 부도나는 것을 막을 수 없다.

주가
주식시장에서 주가는 빠른 속도로 떨어지고 있다.

폭락하다
그들이 가진 주가는 최근 급격히 폭락하였다.

178 sluggish [slʌ́giʃ]
The president's new policies will do much to jump-start the **sluggish** economy.

179 tax reduction
After **tax reduction**, I make US$1,300 per month.

180 boom [buːm]
Apartment buildings are flourishing along with an economic **boom**.

181 slump [slʌmp]
The company is experiencing a **slump** in exports.

182 fluctuate
Exchange rates **fluctuate** every day.

183 stable [stéibl]
Exports in mobile devices are expected to remain **stable** for the time being.

184 sector [séktər]
The IT-based retail **sector** was hit hardest last year.

185 stabilize [stéibəlàiz]
The building will continue to lean unless it is **stabilized**.

부진한, 불경기의
대통령의 새로운 정책은 침체된 경기를 끌어올리는 데 효과가 있을 것이다.

감세
세금을 빼면 한 달에 1,300달러를 번다.

붐, 급격한 증가
경제 활성화로 인하여 아파트 건축 바람이 불고 있다.

슬럼프, 침체
그 회사는 수출 시장의 침체를 경험하고 있다.

변동하다, 불안정하다
환율은 매일 변한다.

안정된
모바일 기기의 수출이 당분간 안정세를 유지할 것으로 보인다.

분야, 부문
작년에는 IT에 기반을 둔 소매업 부문에서 가장 큰 타격을 입었습니다.

안정시키다
그 건물은 안정시켜 놓지 않으면 계속 기울어질 것이다.

186 brisk [brisk]
Everybody hopes that the economy gets **brisk** as soon as possible.

187 extravagant [ikstrǽvəgənt]
Her lifestyle was very **extravagant**.

188 thrifty [θrífti]
He wants his wife to be more **thrifty**.

189 R&D : research and development
He works at the **R&D** department.

190 investment [invéstmənt]
Buying land is a good **investment**.

191 competitive edge
Having a factory in China will give you a **competitive edge**.

192 infrastructure [ínfrəstrʌktʃər]
The internet helps them to build their networking **infrastructure**.

193 production activity
Even the children were involved in the **production activities**.

활발한, 활발해지다
모든 사람들은 경제가 조속히 활성화되기를 바란다.

사치스러운, 낭비하는
그녀의 생활방식은 매우 사치스러웠다.

검약하는, 아끼는
그는 아내가 더 절약하기를 원한다.

연구개발
그는 연구개발부서에서 일한다.

투자
땅을 사는 것은 좋은 투자이다.

경쟁력
중국에 공장을 갖게 되면 경쟁력을 갖추게 될 것이다.

인프라, 기반시설
인터넷은 그들이 네트워킹 인프라를 구축하는 데 도움을 준다.

생산 활동
심지어 어린이들까지 생산 활동에 가담하였다.

7. Health

상당수 미국인들이 **지방** fat이 많은 **고칼로리** high calory의 **식생활** dietary life로 인해 **비만** obesity과 각종 **만성질환** chronic disease에 시달리고 있다. 그래서 에어로빅이나 조깅으로 **보기 좋은 몸매** in shape를 만들려는 사람이 많다. 하지만 평소에 **과로** overwork를 피해서 몸에 **피로** fatigue가 쌓이지 않게 하는 것이 더 중요한 건강 관리법일 것이다. 미국에서는 우리나라와 마찬가지로 의사와 **제약사** pharmacist의 분업이 철저해서 의사는 **진찰** examination과 **처방** prescription만 해주고, 약사는 의사의 **처방** prescription에 따라서만 처방전대로 약을 **조제** fill a prescription하게 되어 있다. 따라서 **약국** pharmacy에선 **기침약** cough medicine이나 **진통제** pain reliever 같은 소위 **처방전 없이 살 수 있는 약** over-the-counter medication만 살 수 있다. 약을 복용하기 전에 약의 **부작용** side effect에 관한 내용을 꼭 확인해야 한다.

건강

미국에서 생산되는 모든 식품과 약품은 **위생적인** sanitary 문제와 더불어 유해성 여부를 FDA에서 검사하여 시판을 승인한다. 만성 질환으로 계속 약이 필요한 환자는 약국에 자신의 **처방전** medical prescription slip만 있으면 언제나 약을 지을 수 있다. 미국인은 개인마다 **주치의** home doctor가 있어 그의 **개인(전문)병원** clinic을 주로 이용하고 그곳에서 **기초검진** regular checkup도 받는다. **정밀검사** Close examination가 필요할 땐 **종합병원** general hospital에 가는데 **증상** symptom에 따라 **외과의** surgeon나 **내과의** physician를 찾아간다. 종합병원에서는 **수술** surgery 및 **주사** injection 등을 제공한다. 종합병원의 **병동** ward은 **입원환자** inpatient와 **외래환자** outpatient로 언제나 만원이므로 진찰을 받으려면 예약을 해야 한다. **급성질환** Acute disease으로 **응급치료** emergency care를 받으려면 **응급구조** emergency service 911에 전화를 걸어 도움을 구한다.

194 **fat** [fæt]
You'd better walk to burn your **fat**.

195 **high calory**
She tries to avoid **high calory** food.

196 **dietary life**
Most gastric diseases are closely related to our irregular **dietary life**.

197 **obesity** [oubíːsəti]
Cardiovascular diseases are closely linked to **obesity**.

198 **chronic disease**
She suffers from a **chronic disease**.

199 **in shape**
You are **in shape**.

200 **overwork** [òuvərwə́ːrk]
Many Korean fathers die of **overwork**.

201 **fatigue** [fətíːg]
A good night sleep relieves our **fatigue**.

202 **pharmacist** [fáːrməsist]
She studies medicine to be a **pharmacist**.

지방
지방을 태우기 위해서는 걸어야 한다.

높은 칼로리
그녀는 고칼로리 음식을 피하려고 노력한다.

식생활
대부분의 소화기 질환은 불규칙한 식생활과 깊은 관련이 있다.

비만
심장 질환은 비만과 밀접한 관련이 있다.

만성질환
그녀는 만성질환으로 고생 중이다.

본래의 형태의, 보기 좋은 몸매
너는 몸매가 보기 좋다.

과로, 과로하다
많은 한국의 아버지들은 과로로 사망한다.

피로
깊은 수면이 피로를 풀어준다.

약사, 제약사
그녀는 약사가 되기 위해 약학을 공부한다.

203 **examination** [igzæmənéiʃən]
His **examination** was wrong.

204 **prescription** [priskrípʃən]
The man couldn't buy medicines because he lost his **prescription**.

205 **fill a prescription**
I would like to get this **prescription filled**.

206 **pharmacy** [fá:rməsi]
Most **pharmacie** close on Sunday.

207 **cough medicine**
Take this **cough medicine** before you go to bed.

208 **pain reliever**
Do not take too much **pain relievers**.

209 **over-the-counter medication**
Tylenol is a good example of **over-the-counter medication**.

210 **side effect**
This medicine has few **side effects**.

211 **sanitary** [sǽnətèri/-təri]
The kitchen should be kept under **sanitary** conditions.

진찰
그의 진찰은 잘못되었다.

처방(전)
그 남자는 처방전을 잃어버려서 약을 살 수 없었다.

처방전대로 약을 조제하다
이 처방전대로 약을 지어주세요.

약국
일요일에 대부분의 약국은 문을 닫는다.

기침약
자기 전에 이 기침약을 먹어라.

진통제
진통제를 너무 많이 먹지 마라.

처방전 없이 살 수 있는 약
처방전 없이 살 수 있는 약의 좋은 예가 타이레놀이다.

부작용
이 약은 부작용이 적다.

위생의, 위생적인
부엌은 위생적인 조건에서 유지되어야 한다.

212 medical prescription slip
She gave her **medical prescription slip** to the pharmacist.

213 home doctor
His **home doctor** visits him every 3 months.

214 clinic [klínik]
There are lots of **clinics** near the department store.

215 regular checkup
He took his mother to the hospital to let her have a **regular checkup**.

216 close examination
The doctor told her that she needed a **close examination**.

217 general hospital
She works for a **general hospital** as a nurse.

218 symptom [símptəm]
A single dose of this medicine relieves **symptoms** for up to 48 hours.

219 surgeon [sə́:rdʒən]
Nobody wanted to be a **surgeon**.

처방전
그녀는 처방전을 약사에게 건네주었다.

주치의
그의 주치의는 3개월마다 그를 방문한다.

개인(전문) 병원, 클리닉
백화점 주위에 개인 병원이 많이 있다.

기초검진
그는 어머니를 병원에 모시고 가서 기초검진을 받게 하였다.

정밀검사
의사는 그녀에게 정밀검사를 받을 필요가 있다고 말했다.

종합병원
그녀는 종합병원에서 간호사로 일한다.

증상
이 약은 한 번 복용으로 최고 48시간 동안 증상을 완화시킨다.

외과의사
아무도 외과의사가 되기를 원하지 않았다.

220 physician [fizíʃən]
Everybody wants to be a **physician**.

221 surgery [sə́ːrdʒəri]
The **surgery** was successful.

222 injection [indʒékʃən]
The baby does not cry when she gets an **injection**.

223 ward [wɔːrd]
Dr. Arnoldson was transferred to the Children's **Ward**.

224 inpatient [ínpèiʃənt]
There are too many **inpatients** in the hospital.

225 outpatient [áutpèiʃənt]
The **outpatient** clinic is right next to the rest room.

226 acute disease
Patients with **acute diseases** should be brought to the emergency room.

227 emergency care
Without timely **emergency care**, he will have to cut off his right arm .

228 emergency service 911
You have to press **911** for **emergency service** in the States.

내과의사
모든 사람은 내과의사가 되기를 원한다.

수술
수술은 성공적이었다.

주사
그녀가 주사를 놓으면 아이가 울지 않는다.

병동
닥터 아놀드슨은 어린이 병동으로 옮겨갔다.

입원환자
그 병원에는 입원환자가 너무 많다.

외래환자
외래환자 진료실은 화장실 바로 옆에 있다.

급성질환, 응급질환
급성질환 환자는 응급실로 이송되어야 한다.

응급치료
제 시간에 응급치료를 하지 않았더라면, 그는 오른쪽 팔을 절단해야 했을 것이다.

응급구조 911
미국에서는 응급구조를 위해 911을 눌러야 한다.

8. Postal Service

미국의 우편 업무는 우리나라와 비슷하다. **우체국** Post office에서 취급하는 주된 **우편** mail으로는 일반 우편과 **소포** parcel, **전보** telegram가 있다. 물론 일반 우편물에 끼워서 **배달** delivery하는 **광고 우편물** junk mail도 여기에 포함될 수 있을 것이다. 우체국에서는 우편물 이외에 **우편환** money order도 취급하는데, 이것은 현금 대용의 각종 지불 수단으로 많이 사용된다. 이렇게 우편환을 봉투에 **동봉** enclose하여 보내는 것을 **송금** remittance이라고 한다. **우편번호** Zip code의 경우는 주와 나라 이름 사이에 놓는데, 캐나다의 경우는 M7Y 6A3처럼 숫자와 알파벳이 함께 있으므로 제대로 적지 않으면 반송되기 쉽다.

우편 업무

한편 전화 요금 청구서 등이 배달되면, 그 내용물로 청구서와 함께 발신인, 즉 전화회사의 주소가 수신인으로 되어 있는 **반신용** self-addressed 봉투가 들어 있다. 이 반송용 봉투는 청구 요금을 우편으로 보낼 경우에 사용하라고 보낸 것이다. 미국의 **우편요금** postage 체계는 우리와 비슷하여 우편물의 무게에 따라 **할증료** surcharge가 붙게 된다. 그러므로 업무용 샘플이나 사진 등 무게가 나가는 **동봉물** enclosure을 함께 동봉할 경우에는 추가 요금에 유의해야 한다. 소포나 **항공 화물** air freight을 보낼 경우, **깨지기 쉬운** fragile 내용물이 들어 있으면 반드시 겉봉투에 '취급주의'라고 표기하도록 한다.

229 post office
We have a **post office** on the campus.

230 mail [meil]
It takes at least 5 days via air **mail**.

231 parcel [pá:rsəl]
I received a **parcel** from my little brother.

232 telegram [téləgræm]
Telegrams are hardly used nowadays.

233 delivery [dilívəri]
The post office has a good **delivery** system.

234 junk mail
I hate those who send me **junk mail**.

235 money order
You are requested to send a **money order** instead of cash.

236 enclose [enklóuz]
I have **enclosed** some pictures of mine.

237 remittance [rimítəns]
Our **remittance** was made yesterday.

우체국
우리 학교 캠퍼스 안에는 우체국이 있다.

편지, 우편
항공 우편은 최소 5일이 소요된다.

소포
내 동생한테서 소포를 하나 받았다.

전보
요즘은 전보가 거의 이용되지 않는다.

배달
우체국은 훌륭한 배달 체계를 갖추고 있다.

광고 우편물, 스팸 메일
나는 스팸 메일을 보내는 사람들이 정말 싫어.

우편환
현금 대신 우편환을 보내시오.

동봉하다
내 사진 몇 장을 동봉하였다.

송금
어제 송금하였다.

238 zip code
Don't forget to write your **zip code** on the envelope.

239 self-addressed
A **self-addressed** stamped envelope is included in this envelop.

240 postage [póustidʒ]
The operations of the post office are funded from the sale of stamps and **postage**.

241 surcharge [sə́ːrtʃàːrdʒ]
A electricity overuse **surcharge** was added to the bill for the month of September.

242 air freight
It will be sent by **air freight** as soon as possible.

243 fragile [frǽdʒəl/-dʒail]
The **fragile** items should be treated with extra care.

우편번호

잊지 말고 봉투에 우편번호를 적어라.

반신용, 자기 앞으로 쓴

이 편지에는 반신용 우편 봉투가 들어 있다.

우편요금

우체국 운영은 우표 판매와 우편 요금만으로 이루어지고 있다.

할증금, 초과 사용료

전기 초과 사용료가 9월 고지서에 합산되어 나왔다.

항공 화물

그것을 최대한 빨리 항공화물로 보내겠다.

깨어지기 쉬운

깨지기 쉬운 물건은 각별하게 취급해야 한다.

9. Multimedia

미국의 4대 **방송국** broadcasting station으로는 ABC, NBC, CBS, FOX가 있다. 그리고 지역마다 **유선 텔레비전 방송** cablecast을 하는 채널이 수십 개가 있는데, 걸프전을 이라크 현지에서 **생방송** live broadcast하는 CNN이 대표적인 유선 채널이다. 방송사마다 **특종** scoop을 얻기 위한 **리포터** reporter들의 보도 경쟁이 치열하고 세계 각지에 **특파원** correspondent을 파견하여 **최신보도** up-to-the-minute news를 제공하고 있다. 한편 뉴스쇼의 시청률은 담당 **앵커맨** anchorman의 인기에 따라 좌우되기도 한다. 이외에도 **토크쇼** talk show, **드라마** soap opera, **시트콤** sitcom 등 다양한 종류의 프로그램이 방송된다. 미국의 대표적인 신문에는 New York Times, Washington Post, USA TODAY 등이 있다.

멀티미디어

미국신문은 **기사** article가 **섹션** section 별로 되어 있어 검색이 용이하다. 예를 들어 **안내 광고** classified ads에는 집의 임대나 구인 등 다양한 정보가 **부고** obituary에는 사망 소식이 실려 있다. 특히 **일요판** Sunday edition은 분야별로 **특집** feature을 실어 **심층취재** in-depth coverage를 해주기 때문에 **잡지** magazine와 맞먹는 분량의 풍부한 정보를 제공한다. 미국인은 신문을 주로 **가판대** newsstand에서 사본다. 이곳에는 보통 신문의 절반 크기의 타블로이드판 **신문** tabloid도 있는데, 주로 연예인의 스캔들과 같은 폭로성 기사투성이이다. 신문 광고료는 **발행부수** circulation와 **구독자** subscriber가 많을수록 더 비싸기 마련이다.

244 broadcasting station
I have never been to visit any **broadcasting stations**.

245 cablecast [kéibəlkæst/-kɑ̀:st]
Cablecast service is not available in my parents' house.

246 live broadcast
There was an accident during the **live broadcast**.

247 scoop [sku:p]
He got a **scoop** on the election fraud.

248 reporter [ripɔ́:rtər]
He was talking with a **reporter**.

249 correspondent [kɔ̀:rəspándənt/kɑ̀r-/kɔ̀rəspɔ́nt]
He was stationed as a foreign **correspondent** in Moscow.

250 up-to-the-minute news
You can get the **up-to-the-minute news** through the internet.

251 anchorman [ǽŋkərmæ̀n/-mən]
His dream was to become an **anchorman**.

방송국
나는 방송국에 가본 적이 없다.

유선 텔레비전 방송(을 하다)
우리 부모님 댁에서는 유선방송 서비스를 이용할 수 없다.

생방송
생방송 중에 사고가 있었다.

특종, 특종기사를 내다
그는 부정 선거의 특종을 냈다.

리포터
그는 리포터와 이야기를 하고 있었다.

특파원
그는 모스크바에서 해외 특파원으로 주둔하고 있었다.

최신보도
인터넷을 통해 최신보도를 들을 수 있다.

앵커맨
그의 꿈은 앵커맨이 되는 것이었다.

252 talk show
We will have Michael Jackson for next week's **talk show**.

253 soap opera
Korean **soap operas** are very popular among Asian countries.

254 sitcom [sítkàm/-kɔ̀m]
He laughed a lot watching **sitcoms**.

255 article [á:rtikl]
He wrote an **article** about the endangered species.

256 section [sékʃən]
Many people try to find jobs through the classified **section** of their local newspapers.

257 classified ads
Browse through the **classified ads** of the local papers.

258 obituary [oubítʃuèri]
I read his **obituary** in the newspaper.

259 Sunday edition
Your ads will be printed in the **Sunday edition**.

토크쇼
다음 주 토크쇼에는 마이클 잭슨이 나올 것이다.

드라마
한국 드라마는 아시아에서 아주 인기가 있다.

시트콤
그는 시트콤을 보면서 많이 웃었다.

기사
그는 멸종위기에 처한 생물에 관한 기사를 썼다.

섹션, 절
많은 사람들은 지역신문의 구직란을 통해 일자리를 찾고 있다.

안내 광고
지역신문의 구직 광고를 잘 살펴보시오.

부고, 사망 기사
나는 그의 부고 기사를 신문에서 읽었다.

일요판
당신이 낸 광고는 일요일판에 실릴 것이다.

260 feature [fíːtʃər]
The magazine **featured** the fire accident.

261 in-depth coverage
They try to find the truth through their **in-depth coverage**.

262 magazine [mæ̀gəzíːn]
She reads fashion **magazines**.

263 newsstand
There are two **newsstands** on the platform.

264 tabloid [tǽblɔid]
Reading **tabloids** is useful when you have to kill time.

265 circulation [sə̀ːrkjəléiʃən]
The magazine's **circulation** has been dropping.

266 subscriber [səbskráibər]
One year **subscribers** will get a 10% discount.

연재기사, 특집으로 기사를 싣다
그 잡지는 화재사고를 대서특필하였다.

심층취재
그들은 심층 취재를 통해 진실을 밝히려 한다.

잡지
그녀는 패션잡지를 읽는다.

가판대
플랫폼에는 두 곳의 가판대가 있다.

타블로이드판 신문, 연애잡지
연애 잡지를 보는 것이 시간 때우는 데는 그만이다.

발행부수, 시청률
잡지의 발행부수는 계속 떨어지고 있다.

구독자, 시청자
1년 구독자는 10%의 할인을 받을 것이다.

10. Airport

출국 Departure을 위해 **공항** airport에 도착하면 **국내선** domestic line이나 **국제선** international line의 **탑승구역** boarding area을 찾아가야 한다. 먼저 자신이 이용할 항공사의 **탑승수속 카운터** check-in counter로 가서 수속을 해야 한다. **항공권** Airline ticket과 **여권** passport을 창구에 제시하면 좌석이 지정된 **탑승권** boarding pass을 발급받게 된다. 이때 창가 **좌석** window seat이나 **통로 좌석** aisle seat 등 원하는 좌석을 말해준다. 다음에는 **수화물** check-in baggage로 짐을 부치고 **수화물 인환증** claim check을 받는다. 탑승 수속을 마친 뒤에는 **세관** customs을 통과하는데, 이때 귀금속 등을 **신고** declare해야 한다. 출국 절차의 마지막 단계로 **입국관리심사** immigration를 하게 된다. 이때는 여권과 탑승권을 제시하고, 과거에는 **출국카드** embarkation card에 도장을 받아야 했지만, 지금은 그럴 필요 없이 자동 전산처리가 된다.

공항

출국 절차를 마치고 탑승권에 적힌 **탑승구** gate로 가면 된다. 시간 여유가 충분할 경우엔 공항 라운지의 **면세점** duty-free shop을 이용할 수 있다. **행선지** Destination에 도착하게 되면 공항의 세관에서 입국 심사를 받게 된다. 소지 물품의 **목록** specification을 적은 **세관신고서** customs declaration form를 여권, **비자** visa와 함께 **세관원** customs official에게 보여주면 **방문목적** purpose of visit, **체류기간** duration of stay 등의 질문을 한 뒤 **입국허가** admission를 해준다. 하지만 동물, 식물 등의 특정 소지물이 있을 경우에는 **검역소** quarantine도 거쳐야 한다. 입국 수속을 마치면 **수화물 찾는 곳** baggage claim area에서 자기 짐을 찾고 공항 앞에서 택시나 공항버스를 타고 행선지로 간다.

267 **departure** [dipá:rtʃər]

You have to be at the airport an hour and a half before **departure**.

268 **airport** [ɛ́ərpɔ̀:rt]

Incheon International **Airport** is always crowded with a lot of travellers.

269 **domestic line**

For **domestic lines**, Gimpo Airport is convenient.

270 **international line**

There is only one **international line** in Gimpo Airport.

271 **boarding area**

You are supposed to be at the **boarding area** G3 by 10:30.

272 **check-in counter**

The **check-in counters** are crowded.

273 **airline ticket**

Airline tickets to Brazil are extremely expensive.

274 **passport** [pǽspɔ̀:rt/pá:s-]

It takes about one month to get your **passport** issued in Seoul.

출발, 출국(하다)
출발 1시간 30분 전에는 공항에 도착해야 한다.

공항
인천국제공항은 많은 여행객들로 언제나 붐빈다.

국내선
국내선은 김포공항이 편리하다.

국제선
김포공항에는 국제선이 하나밖에 없다.

탑승구역
10시 30분까지 G3 탑승구역에 있어야 한다.

탑승수속 카운터
탑승수속 카운터가 붐볐다.

항공권
브라질 행 항공권은 너무 비싸다.

여권
서울에서 여권을 발급 받으려면 약 한 달이 걸린다.

275 boarding pass
Please let me see your **boarding pass**.

276 window seat
He prefers a **window seat**.

277 aisle seat
Aisle seats are convenient for those who use the rest room frequently.

278 check-in baggage
Do you have any **check-in baggage**?

279 claim check
He lost his **claim check**.

280 customs [kʌ́stəmz]
He works at the **customs** office.

281 declare [diklɛ́ər]
I have nothing to **declare**.

282 immigration [ìməgréiʃən]
The officer at **immigration** was very kind.

283 embarkation card
cf. disembarkation card
He forgot to fill out the **embarkation card**.

탑승권
탑승권을 보여주십시오.

창가 좌석
그는 창가 좌석을 더 좋아한다.

통로 좌석
화장실에 자주 가는 사람들에게는 통로 좌석이 편리하다.

수화물
수화물로 부칠 짐이 있습니까?

수화물 인환증, 보관증
그는 수화물 인환증을 잃어버렸다.

통관(수속), 세관
그는 세관에서 일을 한다.

(세관에) 신고하다
나는 신고할 물건이 없다.

입국관리심사
입국심사원은 매우 친절하였다.

출국카드
cf. 입국 카드
그는 출국카드 작성하는 것을 잊어버렸다.

284 gate [ɡeit]
The departure **gate** for flight OZ101 has been changed from B3 to B5.

285 duty-free shop
It is very cheap to buy liquor at **duty-free shops**.

286 destination [dèstənéiʃən]
My **destination** is LA.

287 specification [spèsəfikéiʃən]
She did not know what to write for **specifications** in the customs declaration form.

288 customs declaration form
She fills out the **customs declaration form**.

289 visa [víːzə]
You can go to Hong Kong without a **visa**.

290 customs official
The American **customs official** was rude to Asian people.

291 purpose of visit
What is your **purpose of visit**?

탑승구
OZ101편 출국 탑승구가 B3에서 B5로 변경되었다.

면세점
면세점에서 주류를 사면 싸다.

행선지
나의 목적지는 로스앤젤레스이다.

물품소지목록, 명세
그녀는 세관 신고서의 명세에 무엇을 적어야 할지 몰랐다.

세관신고서
그녀는 세관 신고서를 작성한다.

비자
홍콩에는 비자 없이 갈 수 있다.

세관원
그 미국 세관원은 아시아인에게 무례했다.

방문목적
방문 목적이 무엇입니까?

292 duration of stay
You need to extend your **duration of stay**.

293 admission [ædmíʃən/əd-]
No **admission** without a visa.

294 quarantine [kwɔ́ːrəntìːn/kwɑ́r-]
According to our **quarantine** regulations, sausages are not allowed to be carried in.

295 baggage claim area
Let's meet at the **baggage claim area**.

체류기간
체류기간을 연장해야 한다.

입국허가
비자 없이는 입국 불허.

검역(하다), 검역소
우리의 검역 규정에 따라 소시지의 반입은 허용되지 않는다.

수화물 찾는 곳
수화물 찾는 곳에서 만나자.

11. Nature & Environment

요즘 우리 **생태계** ecosystem의 **균형** balance이 깨지고 있다는 지적이 많다. **멸종 위기에 처한 동식물의 종** Endangered species이 인간들에 의해 **멸종** extinction 위기에 처해 있고, **남극** Antarctica에 있는 **빙산** iceberg도 **북극** North Pole의 그것처럼 언제 녹아내릴지 모르며, 그곳에 있는 **오존층** ozone layer에는 벌써 큰 구멍이 있다는 사실은 이미 잘 알려져 있다. 미국에서는 이따금 **토네이도** tornado가 출현하지만, 아프리카 주요국가에서는 지독한 **가뭄** drought으로 인해 삼림과 **농지** farmland가 계속 **황폐** devastate되어 가고 있는 실정이다.

---

296 **ecosystem** [íːkousìstəm/ékou-]

Our **ecosystem** should be protected from the pollution.

297 **balance** [bǽləns]

Nature becomes out of **balance**.

자연과 환경

얼마 전 호주에서 검지의 3분의 1만한 **우박** hail이 떨어지기도 하였다. 이 모든 것이 **대자연** mother nature의 순리라고 믿는 사람들이 다수이지만 불과 100년도 안 되는 시간 동안 인간들이 저지른 무분별한 **환경파괴** environmental disruption에 대한 신의 처벌이라고 믿는 사람들도 많다. **자동차 배기가스** Car exhaust 및 공장에서 배출하는 매연으로 인한 **공기오염** air pollution, 가정 및 공장에서 나오는 **하수** sewage에 의한 수질 오염 등의 갖가지 환경오염이 그 원인이 되고 있다고 생각된다.

생태계
우리의 생태계는 오염으로부터 보호되어야 한다.

균형(을 잡다)
자연은 균형을 잃어가고 있다.

298 endangered species
They are raising funds to save **endangered species**.

299 extinction [ikstíŋkʃən]
Conservationists try to protect the whales from **extinction**.

300 Antarctica [æntá:rktikə]
He's been to **Antarctica**.

301 iceberg [áisbə:rg]
It is the tip of an **iceberg**.

302 North Pole
I want to see the polar bears living in the **North Pole**.

303 ozone layer
The hole in the **ozone layer** is getting bigger.

304 tornado [tɔ:rnéidou]
Tornado watches are frequently issued in this area.

305 drought [draut]
The **drought** continued for one month.

멸종 위기에 처한 동식물의 종
그들은 멸종 위기에 처한 동식물을 구하기 위해 기금을 모으고 있다.

멸종
생태보호주의자들은 고래를 멸종위기에서 보호하려고 노력한다.

남극
그는 남극에 간 적이 있다.

빙산, [구] 냉담한 사람
그것은 빙산의 일각이다.

북극
나는 북극에 살고 있는 북극곰을 보고 싶다.

오존층
오존층에 생긴 구멍은 점점 커지고 있다.

토네이도
이 지역에서는 토네이도 주의보가 자주 발령된다.

가뭄
가뭄이 한 달 동안 지속되었다.

306 farmland [fáːrmlænd]
Because of a severe drought, there was nothing left of his **farmland**.

307 devastate [dévəstèit]
It is urgent to restore the **devastated** mountain.

308 hail [heil]
Hail is falling on the farmland.

309 mother nature
It is good to try to work with **Mother Nature**.

310 environmental disruption
Environmental disruption will bring disasters to mankind.

311 car exhaust
Car exhaust is the main cause of the air pollution in the city.

312. air pollution
Due to the **air pollution**, a lot of people are suffering from respiratory diseases.

313 sewage [súːidʒ]
The factory dumped a lot of raw **sewage** in to the river.

농지
극심한 가뭄으로 인해 그의 농장에는 아무것도 남지 않았다.

황폐시키다
황폐화된 산을 복구하는 일이 시급하다.

우박
우박이 농장에 떨어지고 있다.

대자연
자연과 조화를 이루며 살아가려고 노력하는 것이 좋다.

환경파괴
환경의 파괴는 인류에게 재앙을 가져다줄 것이다.

자동차 배기가스
자동차 배기가스는 도시 대기오염의 주범이다.

공기오염
공기오염으로 인하여, 많은 사람들이 호흡기 질환으로 고통 받고 있다.

하수, 오물
그 공장은 강물에 대량의 오물을 버렸다.

12. Education

미국의 고등학생들은 **대학교** University에 들어가기 위해서 우리의 수능시험과 비슷한 SAT를 치러야 한다. **아이비리그** Ivy League로부터 **입학허가** admission 받기는 까다로운 편이지만, 우리나라보다 대학 입학 경쟁이 심하지 않아 미국 고등학생들은 **학습 능력 적성 시험** SAT을 위해 밤낮없이 공부하지는 않는다. **4년제 대학** The Four-Year-College에서는 1년을 2개의 **학기** semester로 나눈 학기제를 운영하는 곳이 많다. **신입생** Freshman이 수강하는 **강의** lecture는 주로 **강당** auditorium에서 이루어지는데, **교양과정** liberal arts course이 많아 여러 학과의 학생들이 한 곳에서 수업을 받는다. 물론 **2학년** sophomore 이후부터는 자신의 **전공** major과 관련된 **필수 과목** required course의 비중이 높아진다. 미국의 **학부생** undergraduate도 **성적 평가점** GPA(Grade Point Average)에 신경을 쓰기는 마찬가지이다.

---

314 **university** [jùːnəvə́ːrsəti]

What is your major at the **university**?

교육

학기마다 시험은 **중간고사** midterm와 **기말고사** final exam 두 번을 본다. 시험을 치른 뒤에 **학점** credit이 좋지 않은 수업에 대해서는 **추가시험** makeup test을 보기도 한다. 그들은 신입생 때부터 졸업할 때까지 **과제** assignment로 바쁜 생활을 보내며 3학년이 되면 **대학원** graduate school이나 **취업** employment과 같은 자신의 진로에 신경을 쓰게 된다. **주립대학** State University에서는 **비정규직** nonresident과 **정규직** resident으로 구분해 **수업료** tuition를 다르게 책정한다. 따라서 타 지역 학생의 경우에는 해당지역 학생보다 비싼 수업료를 내야 한다. 하지만 여러 가지 **장학금** scholarship도 있는데, 외국 학생들만을 위한 것도 있다. **기숙사** Dormitory 시설은 대개 잘 갖추어져 있으며 비용도 저렴한 편이다. 많은 학생이 점심식사를 **카페테리아** cafeteria에서 해결하는데, 이곳은 간단한 식사를 하거나 **과제** assignment를 하려는 학생들로 항상 붐빈다.

대학교
대학교에서 무슨 전공을 하고 있는가?

315 Ivy League
Harvard is one of the most competitive **Ivy League** universities.

316 admission [ædmíʃən/əd-]
You have to pay the **admission** fee by Friday.

317 SAT(Scholastic Aptitude Test)
The **SAT** was somewhat easy this year.

318 Four-Year-College
There are lots of **Four-Year-Colleges** in Seoul.

319 semester [siméstər]
The fall **semester** begins in September.

320 freshman [fréʃmən]
Tom is a **freshman**.

321 lecture [léktʃər]
All **lectures** will be given in English.

322 auditorium [ɔːditɔ́ːriəm]
They will have a concert at the University **Auditorium**.

323 liberal arts course
Freshmen usually take **liberal arts courses**.

아이비리그, 미국 북동부의 오랜 전통을 가진 명문 8대학
하버드는 아이비리그에서 가장 경쟁력이 높은 대학교 중 하나이다.

입학허가
입학금을 금요일까지 납부해야 한다.

[미] 학습 능력 적성 시험
올해 SAT는 다소 쉬웠다.

4년제 대학
서울에는 4년제 대학이 많다.

학기
가을학기는 9월에 시작된다.

신입생
톰은 신입생이다.

강의
모든 수업은 영어로 진행될 것이다.

대강의실, 강당
그들은 대학 강당에서 공연을 할 것이다.

교양과정
신입생은 주로 교양과목을 수강한다.

324 sophomore [sɑ́fəmɔ̀ːr/sɔ́f-]
Her brother becomes a **sophomore** in a month.

325 major [méidʒər]
I am **majoring** in physics.

326 required course
Now, there are only two **required courses** left.

327 undergraduate [ʌ̀ndərgrǽdʒuit/-èit]
There are more graduate students than **undergraduates** in this university.

328 GPA(Grade Point Average)
Her **GPA** is very high.

329 midterm [mídtəːrm]
Let's go to the amusement park when the **midterm** is over.

330 final exam
Final exams begin next Monday.

331 credit [krédit]
I am taking 17 **credits** this semester.

332 makeup test
He is taking a **makeup test**.

2학년
그녀의 오빠는 다음 달에 2학년이 된다.

전공
나는 물리학을 전공하고 있다.

필수 과목
이제 필수 과목은 2개만 남았다.

재학생, 학부생
이 대학에서는 학부생보다 대학원생이 더 많다.

성적 평가점, 평균
그녀의 평점은 매우 높다.

중간고사
중간고사가 끝나면 놀이공원에 가자.

기말고사
기말고사는 다음 주 월요일에 시작된다.

학점
이번 학기에 17학점 듣는다.

추가시험
그는 추가시험을 보고 있다.

333 **assignment** [əsáinmənt]
I have to submit this **assignment** by midnight.

334 **graduate school**
You have to pay higher tuition for **graduate school**.

335 **employment** [emplɔ́imənt]
Employment of children is prohibited.

336 **nonresident** [nɑnrézədənt/nɔn-]
The number of **nonresidents** is increasing.

337 **resident** [rézidənt]
The company hires a few **residents**.

338 **tuition** [tjuːíʃən]
The **tuition** is more expensive than I thought.

339 **scholarship** [skɑ́lərʃip/skɔ́l-]
My son receives full **scholarships** all the time.

340 **dormitory** [dɔ́ːrmətɔ̀ːri/-təri]
She lives in the graduate student **dormitory**.

341 **cafeteria** [kæ̀fitíəriə]
The sign-up sheet is available at the **cafeteria** office.

과제
나는 이 과제를 자정까지 제출해야 한다.

대학원
대학원에 다니려면 더 비싼 학비를 지불해야 한다.

취업
어린이들의 취업은 금지되어 있다.

비정규직
비정규직의 숫자가 늘고 있다.

정규직
그 회사는 소수의 정규직을 고용하고 있다.

수업, 수업료
생각보다 수업료가 비싸다.

장학금
내 아들은 항상 전액 장학금을 받는다.

기숙사
그녀는 대학원생 기숙사에 살고 있다.

카페테리아
참가 신청서는 카페테리아 관리 사무실에 비치되어 있다.

13. Banking

미국인들은 우리와 달리 **보통 예금 계좌** savings account 이외에 **당좌 예금 계좌** checking account를 가지고 있다. 미국에서는 각종 **공공요금** utility bill 납부와 신용 결제를 **가계수표** personal check로 하기 때문에 이것 없이는 생활이 거의 불가능하다. 가계수표를 **인출** withdraw하기 위해 필요한 구좌가 바로 당좌 예금 계좌이고 이것은 **예금주** account owner의 가계수표를 발행하는 데만 사용된다. 은행에 계좌를 개설할 때는 **금전 출납계원** teller에게 간단한 **신청서** application form와 ID를 제시하면 즉시 **통장** bankbook을 발급 받게 된다. 두 사람이 하나의 계좌를 원할 때는 **공동 예금 계좌** joint account도 만들 수 있다. 우리와 달리 은행 측에서 매달 우편으로 **은행 계좌 통지서** bank statement를 고객에게 전달해 주기 때문에 통장이 별 쓸모가 없다.

은행

예치할 때는 **예금 전표** deposit slip에 금액과 본인의 **서명** signature을 적어 창구에 제출한다. 출금의 경우에도 **출금 전표** withdrawal slip를 사용하여 동일한 방식대로 한다. 계좌의 **비밀번호** personal identification number는 은행에서의 **현금 인출** cash withdrawal 시에는 필요가 없고, **현금 자동 입출금기** ATM(Automated Teller Machine) 사용 시에만 필요하다. **예금액** Deposit amount이 1,000불 미만일 경우에는 입금하고 바로 되찾아 쓸 수 있지만 그 이상의 액수일 때는 은행 **지점** branch에서 **확인** verification이 끝날 때까지 기다려야 한다. 보통 3일 정도 기다려야 하는데 수시로 ATM에 있는 **조회내역** statement을 통해 입금사실을 확인할 수 있다.

342 savings account
I have three **savings accounts**.

343 checking account
I want to withdraw $300 from my **checking account**.

344 utility bill
Don't forget to pay your public **utility bills** by this weekend.

345 personal check
We also take **personal checks**.

346 withdraw [drɔː]
The money was **withdrawn** from the bank.

347 account owner
The **account owner** was related to the bank robbery.

348 teller [télər]
After graduation from high school, she became a **teller** in a bank.

349 application form
If you want to open a bank account, you have to fill out the **application form**.

보통 예금 계좌
나는 3개의 예금 계좌를 가지고 있다.

당좌 예금 계좌
나는 내 예금 계좌에서 300달러를 인출하고 싶다.

공공요금
잊지 말고 주말까지 공과금을 내라.

가계수표
우리는 가계 수표도 받는다.

인출하다
그 은행에서 돈이 인출되었다.

예금주
예금주는 은행 강도 사건과 연루되어 있었다.

금전 출납계원
고등학교를 졸업한 후 그녀는 은행의 금전 출납원이 되었다.

신청서
은행 계좌를 개설하려면 신청서를 작성해야 한다.

350 bankbook [bæŋkbùk]
I can't remember where I put my **bankbooks**.

351 joint account
Our family has a **joint account**.

352 bank statement
We have enclosed a copy of the **bank statement**.

353 deposit slip
She received a **deposit slip**.

354 signature [sígnətʃər]
Write your **signature** here.

355 withdrawal slip
The teller asked him to fill out a **withdrawal slip**.

356 personal identification number
The **personal identification number** should not be exposed on the bankbook.

357 cash withdrawal
The **cash withdrawal** limit for your account is $10,000 per day.

통장
통장을 어디에 두었는지 기억나지 않는다.

공동 예금 계좌
우리 가족은 공동 예금 계좌를 가지고 있다.

은행 계좌 통지서
우리는 은행 계좌 내역서 사본을 동봉하였다.

예금 전표
그녀는 예금 전표를 받았다.

서명
이곳에 서명하시오.

출금 전표
현금 출납원은 그에게 출금 전표를 작성하라고 말했다.

비밀번호
통장에 비밀번호가 노출되지 않도록 해야 한다.

현금 인출
귀하의 구좌 최대 현금 인출 한도는 하루 10,000달러입니다.

358 ATM(Automated Teller Machine)

You can withdraw cash from the **ATM** 365 days a year.

359 deposit amount

The total **deposit amount** of your account is $5,435.

360 branch [bræntʃ/brɑːntʃ]

The City Bank has a lot of **branches** all over the world.

361 verification [vèrəfikéiʃən]

It takes about two days for **verification** of the remittance.

362 statement [stéitmənt]

The **statement** of the ATM reads that I can withdraw cash now.

현금 자동 입출금기
일년 365일 현금입출금기에서 현금을 인출할 수 있다.

예금액
귀하의 계좌 입금 총액은 5,435달러입니다.

은행 지점
씨티 은행은 세계 각 전역에 많은 지점을 보유하고 있다.

확인, 조회
송금을 조회하는 데에는 약 이틀이 소요된다.

(조회) 내역
ATM 내역을 조회해 보니, 이제 현금을 인출할 수 있다고 나온다.

14. Transportation

미국은 New York 등 일부 **대도시** metropolitan를 제외하고는 버스나 지하철 같은 **대중교통** public transportation이 취약하고 택시는 **요금** fare이 비싼 편이다. 그리고 집 근처에 슈퍼마켓이 있는 경우가 드물어서 장을 보려고 해도 차를 타고 나가야한다. 이러다 보니 **자가용** private car은 미국인의 필수적인 **생계수단** means of living이다. 휴일에 **사유 차도** driveway에 차를 내놓고 세차를 하는 모습은 흔한 풍경이다. 그들은 바람 빠진 **타이어** flat tire를 비롯한 간단한 **고장** breakdown의 경우 정비소에 가지 않고 직접 수리를 한다. 물론 부자들의 경우 **운전기사** chauffeur를 개인적으로 두고 업무를 본다. 관광객이나 **출장** business trip 중인 사람들은 **렌트카** rental car를 많이 이용한다. 대부분의 렌터카는 **중고** second hand이지만 저렴한 가격에 이용할 수 있다.

교통

종류는 세피아 크기의 **소형차** compact car에서부터 롤스로이스 같은 **고급 승용차** luxury car에 이르기까지 다양하며, 지프와 같은 **비포장도로용 차** off-road vehicle와 유개트럭인 밴도 임대할 수 있다. 렌트는 대개 날짜로 계산하지만 마일리지로 계산하는 경우도 있다. 차량 절도가 많으므로 **자동차 번호** license plate number를 반드시 적어두어야 한다. 사고가 나면 즉시 차를 **견인** tow해서 정비소에서 **정비사** mechanic의 정비를 받아야 한다. 미국의 많은 도로가 직선으로 곧게 뻗어 있기 때문에 교외에서의 장거리 주행 시에는 **변속기** transmission를 고정시키고 **악셀** accelerator과 브레이크만 사용해서 운전이 가능하다. 미국인들의 **운전문화** driving culture에서 배울 점은 특별한 경우를 제외하고는 **경적을 마구 울리는 행위** honk a horn를 하지 않는다는 것이다. 즉, 불필요한 소음으로 타인에게 피해를 주지 않으려는 배려인 듯하다.

363 metropolitan
He moved to the Miami **metropolitan** area.

364 public transportation
Public transportation is convenient in large cities.

365 fare [fɛər]
The taxy **fare** was very expensive in New York.

366 private car
As we live in the big city, we don't have to have our **private car**.

367 means of living
This was the only **means of living**.

368 driveway [dráivwèi]
The **driveway** leads up to my front door.

369 flat tire
I had a **flat tire** on the way home.

370 breakdown [bréikdàun]
All operations stopped after the mechanical **breakdown** in the factory.

371 chauffeur [ʃóufər/ʃoufə́ːr]
She was rich enough to afford a **chauffeur**.

메트로폴리탄, 대도시(의)
그는 마이애미의 대도시 지역으로 이사 왔다.

대중교통
대도시에서는 대중교통이 편리하다.

요금
뉴욕의 택시요금은 아주 비쌌다.

자가용
큰 도시에서 살고 있기 때문에 자가용을 가지고 있을 필요가 없다.

생계수단
이것이 유일한 생계수단이었다.

사유 차도 (도로에서 집-차고까지의 진입로)
도로가 대문 앞까지 나 있다.

바람 빠진 타이어
집에 오는 길에 타이어에 펑크가 났어.

고장, 몰락
공장 기계가 고장이 나서 모든 작업이 중단되었다.

운전기사
그녀는 운전기사를 둘 만큼 아주 부자였다.

372 business trip
I am on a **business trip** until the weekend.

373 rental car
How much do I expect to pay for a **rental car**?

374 second hand
I bought a **second hand** car last week.

375 compact car
My older sister bought a **compact car**.

376 luxury car
The chairman has three **luxury cars**.

377 off-road vehicle
Off-road vehicles are usually expensive.

378 license plate number
The **license plate number** of her car is easy to remember.

379 tow [tou]
Your car is being **towed** away.

380 mechanic [məkǽnik]
A **mechanic** is inspecting the bus.

출장
나는 주말까지 출장 중이다.

임대 자동차, 렌트카
자동차 렌트 비용은 어느 정도로 예상하면 되나요?

중고로
나는 지난주에 중고차 한 대를 샀다.

소형차
언니는 소형차를 샀다.

고급 승용차
회장은 고급 승용차를 3대 가지고 있다.

비포장도로용 차
비포장도로용 자동차는 보통 비싸다.

자동차 번호, 번호판
그녀의 자동차 번호는 기억하기 쉽다.

견인하다, 견인차
네 차가 견인되고 있다.

정비사
정비사가 버스를 살펴보고 있다.

381 transmission [trænsmíʃən/trænz-]
The **transmission** needs to be replaced.

382 accelerator [æksélərèitər]
The **accelerator** of this car is very sensitive.

383 driving culture
There are differences in the **driving culture** between Korea and India.

384 honk a horn
The crazy driver kept **honking the horn** at night.

변속기
변속기를 갈아야 한다.

악셀, 가속기
이 차의 가속기는 매우 민감하다.

운전문화
한국과 인도의 운전문화에는 차이점이 있다.

경적을 마구 울리는 행위
정신 나간 운전자가 한밤중에 계속해서 경적을 울려댔다.

15. Food & Culture

각 나라마다 **풍습**custom과 **문화**culture가 다르다. 특히 음식을 먹는 방식이 나라마다 독특한데, 달걀의 경우, 일본에서는 **밥**steamed rice 위에 **간장**soy sauce을 뿌리고 **날것의**raw 상태로 넣어 먹는가 하면, 한국에서는 찐 상태로 많이 먹는다. 서양에서도 **삶은 계란**boiled egg은 먹지만 우리나라와 같은 **단단하게 삶은**hard boiled 것이 아닌 **반숙한**soft boiled 상태로 많이 먹는다. 우리가 후라이라고 하는 것을 그들은 **한 쪽만 프라이한**sunny side up 것이라 하고, 달걀을 깨트려 물속에서 익힌 요리를 **수란**poached egg이라고 한다.

음식과 문화

보통 아침식사로 먹는 것을 **스크럼블 에그** scrambled egg라고 하고 큰 호텔 등지에서는 일일이 달걀을 깰 수 없기 때문에 미리 깨어 놓은 **달걀 물** egg pulp을 사용한다. 각 나라의 **요리법** cuisine과 먹는 순서도 다르다. 우리처럼 보통 모든 음식을 한 번에 차려 놓고 먹는 것과는 달리 그들은 **전채요리** appetizer, **디저트** dessert 순의 **코스 요리** tasting menu 스타일로 먹는다.

385 custom [kʌ́stəm]
We have a **custom** of wearing white at funerals in Korea.

386 culture [kʌ́ltʃər]
Both countries are promoting an exchange of their **culture**.

387 steamed rice
Steamed rice is served for every meal in Asian countries.

388 soy sauce
He put too much **soy sauce** into the broth.

389 raw [rɔː]
Sashimi is a Japanese word meaning **raw** fish.

390 boiled egg
He never eats **boiled eggs**.

391 hard boiled
He likes **hard boiled** eggs, but his wife doesn't.

392 soft boiled
My sister prefers **soft boiled** eggs.

풍습
한국에서는 장례식에서 흰 옷을 입는 풍습이 있다.

문화
양국은 문화교류를 증진시키고 있다.

밥
아시아에서는 매 끼니 때마다 밥이 나온다.

간장
그는 국물에 간장을 너무 많이 넣었다.

날것의
사시미는 날생선을 뜻하는 일본 단어이다.

삶은 계란
그는 삶은 달걀을 절대 먹지 않는다.

단단하게 삶은
그는 완숙한 계란을 좋아하지만, 그의 아내는 싫어한다.

반숙한
내 여동생은 반숙 달걀을 더 좋아한다.

15. Food & Culture

393 sunny side sup
He ordered **sunny side up** at the restaurant.

394 poached egg
The only dish she could make was **poached egg**.

395 scrambled egg
One of the most delicious dish in this hotel restaurant is **scrambled eggs**.

396 egg pulp
She added a cup of **egg pulp**.

397 cuisine [kwizíːn]
Each village has its own traditional **cuisine**.

398 appetizer [ǽpitàizər]
The restaurant features **appetizers** made with fresh fruits.

399 dessert [dizə́ːrt]
She served a piece of chocolate cake for **dessert**.

400 tasting menu
A **tasting menu** style dinner is included in this event.

(달걀을) 한 쪽만 프라이한
그는 식당에서 한 쪽만 프라이한 달걀을 주문하였다.

수란(달걀을 깨트려 물속에서 익힌 요리)
그녀가 만들 수 있는 유일한 요리는 수란이었다.

스크럼블 에그
이 호텔 식당에서 가장 맛있는 요리는 스크럼블 에그이다.

미리 깨어 놓은 달걀 물
그녀는 달걀 물 한 컵을 부었다.

요리법
마을마다 각자의 전통 음식이 있다.

전채요리
그 식당의 특별 메뉴는 신선한 과일로 만든 전채 요리이다.

디저트
그녀는 디저트로 초콜릿 케이크 한 조각을 주었다.

코스 요리
이 행사에서는 코스 요리 스타일의 저녁식사가 포함되어 있다.

Chapter 2

TEPS
기출
혼동 어휘

401 ability [əbíləti]
There's no doubting their **ability**.

402 capability [kèipəbíləti]
The exam was beyond the **capability** of an average 15-year-old.

403 capacity [kəpǽsəti]
The auditorium has a seating **capacity** of 3,000.

404 accident [ǽksidənt]
They were injured in a car **accident**.

405 event [ivént]
Next year's Asian Games will be the biggest ever sporting **event**.

406 incident [ínsədənt]
A youth was seriously injured in a shooting **incident** on Sunday night.

행할 수 있는 능력
그들의 능력은 의심할 여지가 없다.

수용할 수 있는 능력
이 시험은 평균 15세의 능력 이상이다.

용량
강당은 3,000석의 좌석수용력이 있다.

뜻밖의 사고, 부정적인 일
그들은 교통사고로 다쳤다.

중요한 사건이나 행사
내년에 열릴 아시안 게임이 가장 큰 스포츠 행사가 될 것이다.

부수적 사건, 우발적 사건
한 청년이 일요일 밤에 일어난 총격 사건으로 중상을 입었다.

407 **advantage** [ədvǽntidʒ/-vάːns-/əd-]
The **advantage** of booking tickets is that you can choose better seats.

408 **benefit** [bénəfit]
The invention of electricity brought a lot of **benefits** to mankind.

409 **profit** [práfit/prɔ́f-]
He made a **profit** from selling recycled items.

410 **alter** [ɔ́ːltər]
We need to **alter** some of our plans.

411 **change** [tʃeindʒ]
The world will not **change** in a day.

412 **convert** [kənvə́ːrt]
Can we **convert** the small bedroom into a second bathroom?

413 **exchange** [ikstʃéindʒ]
I had to **exchange** these pants for a larger size.

남보다 유리한 기회, 이점
표를 예매하는 것의 이점은 더 좋은 자리를 고를 수 있다는 것이다.

유형, 무형의 이익
전기의 발명은 인류에게 많은 이익을 가져다 주었다.

금전상의 이익
그는 재활용품을 팔아서 이익을 얻었다.

(용도에 맞게) 일부를 고치다, 변형시키다
우리는 계획 중 일부를 수정해야 되겠다.

바꾸다, 변하다
세상은 쉽게 변하지 않을 것이다.

목적에 맞게 개조하다
작은방을 두 번째 욕조로 개조할 수 있을까요?

맞바꾸다, 교환하다
나는 이 바지를 더 큰 사이즈로 교환해야 했다.

414 **apply** [əplái]

The paint should be **applied** evenly.

415 **paste** [peist]

You may cut the sentence and **paste** it at the end of the page.

416 **rub** [rʌb]

She kept **rubbing** her hands repeatedly.

417 **scrub** [skrʌb]

He **scrubbed** the old saucepan, and it looked as good as new.

418 **appoint** [əpɔ́int]

He's just been **appointed** as a manager of the accounting division.

419 **hire** [háiər]

She was **hired** by the first company she applied to.

420 **recruit** [rikrúːt]

Every young man is being **recruited** into the army in Korea.

(약, 연고, 크림 등을) 바르다
페인트를 골고루 발라야 한다.

(풀, 접착제 등으로) 바르다, 붙이다
문장을 잘라서 페이지 마지막에 붙여 넣어도 된다.

(물건이나 표면 등에 대고) 문지르다
그녀는 계속 손을 문질러대고 있었다.

(불순물을 제거하기 위해) 문지르다
그는 오래된 소스팬을 깨끗하게 문질러 닦아서 이제 새것처럼 보인다.

(중요한 직책이나 영구적 자리에) 임명하다
그는 경리과장으로 막 임명되었다.

(특정일을 위하여) 사람을 고용하다
그녀는 지원했던 첫 번째 회사에 고용되었다.

(신병이나 신입사원을) 모집하다
모든 대한민국 젊은이들은 군에 징병되고 있다.

421 appointment [əpɔ́intmənt]
She had to cancel the **appointment** because she had caught a cold.

422 engagement [engéidʒmənt]
I have a previous **engagement** with the president.

423 promise [prɑ́mis/prɔ́m-]
She claimed my **promise**.

424 autograph [ɔ́ːtəgræf/-grɑːf]
Did you get her **autograph**?

425 sign [sain]
Flowers are the first **sign** of Spring.

426 signature [sígnətʃər]
Please put your **signature** here.

(만나거나 방문하겠다는) 약속
그녀는 감기로 인해 약속을 취소해야 했다.

(공식적인) 약속, 약혼
나는 사장과 선약이 있다.

(무엇을 하겠다는) 약속
그녀는 나에게 약속을 지키라고 말했다.

(유명한 사람의) 자필 서명
그녀의 사인을 받았니?

(뜻을 전달하기 위한 일체의) 신호, 기호, 동작
꽃은 봄의 전령사이다.

서명
여기에 서명하세요.

427 **bite** [baɪt]
She took a **bite** out of the tomato.

428 **rash** [ræʃ]
He's got an itchy **rash** all over his face.

429 **spot** [spɑt/spɔt]
She wore that skirt with the pink **spots**.

430 **stain** [steɪn]
You can remove a red wine **stain** from a carpet by sprinkling salt over it.

431 **blank** [blæŋk]
Fill in the **blank**.

432 **empty** [émpti]
We have to recycle the **empty** bottles.

433 **free** [friː]
Feel **free** to interrupt me if you have any questions.

434 **vacant** [véikənt]
The restaurant has no **vacant** tables.

물린 자국, 상처
그녀는 토마토를 한입 베어 물었다.

발진, 뾰루지
그는 얼굴 전체에 가려운 발진이 생겼다.

점이나 둥근 모양의 얼룩
그녀는 분홍색 점박이 무늬가 있는 치마를 입었다.

잘 지워지지 않는 때, 얼룩
카펫에 묻은 적포도주 얼룩은 소금을 뿌려서 제거할 수 있다.

어떤 정보나 내용이 담겨 있지 않은
빈칸을 채우시오.

공허한, 비어 있는
우리는 빈 병을 재활용해야 한다.

의무, 장애물 등이 없는
질문이 있으면 언제든지 말씀하십시오.

비어 있는, 원래 있어야 할 것이 없는
그 식당에는 빈자리가 없다.

435 **bulk** [bʌlk]
It is a newspaper of surprising **bulk**.

436 **quantity** [kwántəti/kwɔ́n-]
We consumed vast **quantities** of food last evening.

437 **volume** [váljuːm/vɔ́l-]
1kg of cotton has greater **volume** than 1kg of iron.

438 **charge** [tʃɑːrdʒ]
You have to pay a service **charge** when booking tickets through the internet.

439 **cost** [kɔːst/kɔst]
Buying a new computer, software is usually included at no extra **cost**.

440 **fare** [fɛər]
Taxi **fares** are relatively cheap in Korea.

441 **fee** [fiː]
I can't afford to pay the lawyer's **fee**.

442 **price** [prais]
The large shopping malls are offering big **price** cuts.

크기
이것은 놀랄 정도로 많은 양의 신문이다.

(질에 반대되는) 양
우리는 어제 저녁에 엄청난 양의 음식을 먹어치웠다.

부피
1kg의 솜이 1kg의 철보다 부피가 더 크다.

(서비스에 대해 지불하는) 비용
인터넷으로 표를 예매할 경우 수수료를 지불해야 한다.

(물건이나 서비스를 사고 만들어 사용하기 위해 지급된) 비용, 원가
새 컴퓨터를 사면, 보통 추가비용 없이 소프트웨어가 포함되어 있다.

교통요금, 차비, 운송료
한국의 택시요금은 비교적 저렴한 편이다.

각종 수수료, 학비
나는 변호사 수수료를 지불할 여유가 없다.

실제 가격, 거래가
대형 쇼핑몰은 큰 폭의 가격 할인을 제공하고 있다.

443 rate [reit]
Hotel **rates** here in Chicago are too high.

444 colleague [káli:g/kɔ́l-]
We're going to hang out with some **colleagues** of his tonight.

445 companion [kəmpǽnjən]
The cat has been her constant **companion** these past 5 years.

446 company [kʌ́mpəni]
It was a long journey and I was grateful for her **company**.

447 comfortable [kʌ́mfərtəbl]
I have never felt **comfortable** in high heels.

448 convenient [kənví:njənt]
Our new apartment is **convenient** for the kindergarten.

(단위당 매긴) 요금, 공공요금
이곳 시카고에서의 호텔 객실 요금은 너무 비싸다.

(함께 일하는) 직장 동료
오늘밤 우리는 그의 동료들과 어울려 놀 것이다.

(관심사나 취미활동을 같이 하는) 친구
그 고양이는 과거 5년 동안 그녀의 변함없는 친구였다.

동행할 사람
긴 여정이었고, 나는 그녀가 함께 해주어서 고마웠다.

느낌이 편안한
나는 굽 높은 구두를 신고 편안한 적이 한 번도 없었다.

용도나 목적에 알맞은, 편리한
우리 새 아파트는 애들 유치원에서 아주 가까워서 편리하다.

449 consider [kənsídər]

I want to **consider** before I make a final decision.

450 regard [rigá:rd]

His parents always **regarded** him as the smartest of their children.

451 consume [kənsú:m]

My car **consumes** a lot of gas.

452 deplete [diplí:t]

The illness **depletes** the body of important vitamins.

453 exhaust [igzɔ́:st]

How long will it be before the world's fuel supplies are **exhausted**?

(충분한 고려와 경험의 결과를 바탕으로) 판단하다, 깊게 생각하다
최종 결단을 내리기 전에 심사숙고할 시간을 갖고 싶다.

(표면적인 근거로) 판단하다
그의 부모는 항상 그를 자녀들 중에서 가장 영리하다고 여겼다.

(에너지, 시간 등을) 소비하다
내 자동차는 휘발유를 많이 소비한다.

(에너지, 자원 등을) 고갈시키다
그 질병은 우리 인체에서 중요 비타민을 파괴한다.

(자원 등을) 써버리다, 소진하다
전 세계의 연료 공급이 바닥나기 전까지 얼마나 걸릴까?

454 **convey** [kənvéi]
The presentation did not properly **convey** their intension.

455 **notify** [nóutəfái]
The school is required to **notify** parents in case their children don't come to school.

456 **report** [ripɔ́ːrt]
She wanted me to **report** on the progress.

457 **credit** [krédit]
She decided to purchase the product on **credit**.

458 **debt** [det]
I managed to pay off all of my **debts** in 10 years.

(자신의 생각을) 전달하다

그 발표는 그들의 의도를 적절하게 전달하지 못했다.

(정식으로) 알리다, 통지하다

자녀가 학교에 오지 않을 경우 학교에서는 부모에게 통지해야 한다.

신고, 보도하다

그녀는 나에게 진행상황을 보고해달라고 했다.

(신용을 전제로 한) 대출, 외상

그녀는 외상으로 그 제품을 구입하기로 결정하였다.

빚, 부채

나는 10년에 걸쳐 겨우겨우 모든 빚을 청산할 수 있었다.

459 **crowd** [kraud]

A **crowd** of people gathered at the square.

460 **flock** [flɑk/flɔk]

A **flock** of tourists came into the Cathedral.

461 **herd** [hə:rd]

A **herd** of goats were sleeping peacefully.

462 **school** [sku:l]

A **school** of mackerels were found to be dead near the eastern coast.

463 **damage** [dǽmidʒ]

His farm was badly **damaged** by the typhoon.

464 **harm** [hɑ:rm]

The government's reputation has been **harmed**.

465 **impair** [impɛ́ər]

A recurring knee in ankle may have **impaired** her chances of winning the race.

(사람의) 무리
많은 사람들이 광장에 모여들었다.

(새, 양, 염소 등의) 무리
한 무리의 관광객들이 성당에 들어왔다.

(짐승, 가축의) 무리
염소 떼가 평화롭게 잠들어 있었다.

물고기 떼, 학파
동해안에서 고등어가 떼죽음을 당한 것이 발견되었다.

(사물, 명예 등에) 손상을 주다
태풍으로 인해 그의 농장이 심하게 피해를 입었다.

(사람, 사물, 평판 등을) 일부러 해치다, 훼손하다
정부의 명성이 훼손되었다.

(능력, 가치, 힘 등을) 줄어들게 하다, 악화시키다
반복적인 발목 부상으로 인해 그녀의 경주 우승 기회가 줄어들었을 것이다.

466 **enforce** [enfɔ́ːrs]
The police **enforce** speed limits in this area.

467 **implement** [ímpləmənt]
This rule will be **implemented** next month.

468 **fit** [fit]
You'd better exercise to keep **fit**.

469 **healthy** [hélθi]
My father does not look **healthy** lately.

470 **robust** [roubʌ́st, róubʌst]
Whenever I see her, she looks very **robust**.

(법률 등을) 시행하다, 집행하다
이 구역에서 경찰이 과속 단속을 한다.

(계획, 약속 등을) 이행하다
이 규칙은 다음 달부터 시행될 것이다.

(운동이나 단련을 통해) 몸이 튼튼한
건강 유지를 위해 매일 뛰는 것이 좋겠다.

건강 상태가 좋은
최근 아버지 건강이 안 좋아 보인다.

체력이 튼튼한, 물건이나 재정 상태가 좋은
그녀를 볼 때마다, 무척 건강해 보인다.

471 hurt [hə:rt]
Quite a lot of people were seriously **hurt** or dead in the explosion.

472 injury [índʒəri]
A few train passengers sustained serious **injuries** in the crash.

473 pain [pein]
These medicines should help to ease the **pain**.

474 wound [wu:nd/waund]
The victim died from multiple stab **wounds** to the upper body.

475 inhabitant [inhǽbətənt]
This city has 6 million **inhabitants**.

476 occupant [ákjəpənt/ɔ́k-]
The previous **occupants** were a French family.

477 resident [rézidənt]
The local **residents** disagreed to his proposal.

478 tenant [ténənt]
She is my next door **tenant**.

정신적 고통, 약한 부상
꽤 많은 사람들이 폭발로 인하여 심한 부상을 입거나 사망하였다.

(사고 등에 의한) 상해
일부 열차 승객들은 그 사고로 중상을 입었다.

(정신적·육체적) 고통, 아픔
이 약은 통증 완화를 도울 것이다.

(칼, 총 등으로 인한) 외상
희생자는 상복부에 수차례 칼에 찔려 숨졌다.

토착민, 서식동물
이 도시는 인구가 6백만 명이다.

건물에 사는 사람, 지위를 차지하고 있는 사람
이전에 살던 사람들은 프랑스 가족이었다.

집에 거주하는 사람, 거주자
지역 주민들은 그의 제안에 반대하였다.

토지나 건물을 빌려 사용하는 사람, 세입자
그 여자는 내 옆집에 세 들어 사는 사람이다.

479 **jealous** [dʒéləs]

She was one of the most **jealous** women in the town.

480 **envious** [énviəs]

Some people were **envious** of him when he became a famous singer.

481 **journey** [dʒə́ːrni]

Long **journeys** affected her bad back.

482 **excursion** [ikskə́ːrʒən/-ʃən]

The travel agency organized **excursions** to Prague.

483 **trip** [trip]

She decided to take a **trip** to Tokyo and stay two nights.

484 **voyage** [vɔ́iidʒ]

I read a book regarding the **voyage** to the moon in 1972.

누군가에게 빼앗기기 싫어서 질투하는, 시샘하는
그녀는 그 마을에서 가장 시샘이 많은 여자였다.

다른 사람이 가진 것을 원하는, 부러워하는
그가 유명한 가수가 되었을 때 어떤 사람들은 그를 부러워했다.

육로, 항공, 해상을 통한 여행
긴 여행으로 인해 그의 요통이 도졌다.

관광객으로서의 여행, 유람
여행사는 프라하 여행을 준비하였다.

짧게 방문하고 돌아오는 여행
그녀는 도쿄에 가서 이틀 밤을 보내기로 결정했다.

(배, 우주선 등을 이용한) 장기 여행, 항해
나는 1972년 달 여행에 대한 책을 읽었다.

485 **lease** [liːs]

The **lease** expires in one years' time.

486 **pension** [pénʃən]

She will be able to draw(=receive) her **pension** after 65.

487 **rent** [rent]

I pay a lower **rent** than the other tenants since my room is smaller.

488 **leftover** [léftòuvər]

You may take the **leftovers** when you go home.

489 **remains** [riméinz]

A few pieces of skull have been found among the **remains** uncovered at the site.

490 **residue** [rézidʒùː]

He cut off the best meat and threw the **residue** away.

491 **rest** [rest]

He spent the **rest** of his life on the island.

토지, 자동차 등에 대한 차용(임대차) 계약, 계약 증서
그 임대차 계약은 1년이 지나면 끝난다.

은퇴한 사람에게 지급되는 일정액의 돈, 연금
그녀는 65세가 된 이후로 연금을 받을 수 있게 될 것이다.

집, 자동차, 물건 등을 빌려 쓰고 일정하게 지불하는 돈
내 방이 작아서 나는 다른 세입자들보다 월세를 조금 덜 낸다.

먹다 남긴 음식
집에 갈 때 남은 음식을 가져가도 된다.

유물, 잔해
몇 조각의 유골이 그 유적지에서 발굴된 유물 중에서 발견되었다.

소량의 잔재물
그는 고기의 제일 좋은 부분을 자른 후 나머지를 버렸다.

전체 중 쓰고 남은 부분
그는 여생을 섬에서 보냈다.

492 **meet** [miːt]
I **met** him in New Zealand.

493 **see** [siː]
I need to **see** the doctor again this Friday.

494 **merit** [mérit]
Our ideas have **merits**.

495 **value** [vǽljuː]
The new department store has affected the **value** of the land around there.

496 **worth** [wəːrθ]
He was able to prove his **worth** in the end.

497 **narrow** [nǽrou]
Please watch your step. The stairs are **narrow**.

498 **thin** [θin]
He is wearing a shirt with a **thin** yellow stripe.

단순히 마주치거나 얼굴을 마주 대하다
나는 그를 뉴질랜드에서 만났다.

용건이 있어 만나다
이번 금요일에 의사를 또 만나야 한다. (진찰을 받으러)

다른 것과 비교했을 때의 장점
우리 아이디어에는 장점이 있다.

(사람, 물건의) 가치, 중요성, 가격
새로운 백화점은 주변의 땅값에 영향을 주었다.

(지적, 정신적, 도덕적) 가치
마침내 그는 자신의 가치를 입증할 수 있었다.

폭이 좁은, 협소한
발을 조심하세요. 계단이 좁습니다.

두께가 얇고 가는
그는 가늘고 노란 줄무늬가 있는 셔츠를 입고 있다.

499 notice [nóutis]
I **noticed** he was wearing new glasses.

500 observe [əbzə́:rv]
She is **observing** you from a distance.

501 pay attention
For the first time she **paid attention** to her math teacher.

502 opening [óupəniŋ]
There's an **opening** for college graduates in our company.

503 room [ru:m/rum]
There is no **room** for doubt.

(보거나 육감으로) 사실을 인지하다, 알아차리다
나는 그가 새 안경을 끼고 있다는 사실을 알아차렸다.

(주의 깊게) 관찰하다, 지켜보다
그녀가 멀리서 너를 바라보고 있다.

(정신을 집중하여) 주의를 기울이다
생전 처음 그녀는 수학선생님의 말씀을 주의 깊게 들었다.

일자리, 결원, 공석
우리 회사에 대졸 인원 공석이 생겼다.

여지, 가능성
의심할 여지가 없다.

504 **path** [pæθ/pɑːθ]

I followed the **path** until I got to a gate.

505 **road** [roud]

Be careful when you cross a main **road**.

506 **way** [wei]

Could you show me the **way** to the bus station?

507 **possibility** [pɑ̀səbíləti/pɔ̀s-]

It's not likely to happen but I wouldn't rule out the **possibility**.

508 **potential** [pouténʃəl]

You have the **potential** to reach the top of your profession.

509 **prospect** [práspekt/prɔ́-]

He's hoping the course will improve his career **prospects**.

(사람이 다녀서 자연스럽게 생긴) 길
문에 닿을 때까지 길을 따라갔다.

(사람이나 교통수단이 다닐 수 있도록 만들어진) 길
큰 길을 건널 때에는 조심해라.

(한 지점에서 다른 지점으로 이동할 수 있는) 길, 방법
버스 정거장으로 가는 길을 알려주시겠습니까?

어떤 일이 발생할 가능성
그럴 일은 없겠지만, 가능성을 배재하지는 않을 것이다.

잠재적 가능성
당신은 직업의 최고 자리까지 오를 가능성을 가지고 있다.

성공 가능성
그는 이 과정을 통해 경력상의 가능성을 높이기를 바라고 있다.

510 **quite** [kwait]
The dog bit him **quite** severely.

511 **fairly** [fɛ́ərli]
He decided to keep his hair cut **fairly** short.

512 **rather** [rǽðər/rɑ́ːð-]
She had a **rather** sad look.

513 **realize** [ríːəlàiz]
He didn't **realize** the danger he was in.

514 **recognize** [rékəgnàiz]
I hadn't seen you for more than 10 years, but I could **recognize** you immediately.

515 **understand** [ʌ̀ndərstǽnd]
The manager had given him the **understanding** that he would be promoted.

(다른 종류의 것들보다) 더, 꽤, 아주
그 개는 그를 상당히 세게 물었다.

(기대에는 못 미치지만) 꽤
그는 꽤 짧은 머리를 하기로 결정했다.

대단히, 상당히
그녀는 퍽 슬픈 표정을 지었다.

(문득 어떤 사실이나 의미를) 깨닫다
그는 그가 처한 위험을 미처 깨닫지 못했다.

(전에 듣거나 본 적이 있어) 알아차리다, 사람을 알아보다
나는 당신을 10년 이상 보지 못했는데, 당신을 보자마자 알아볼 수 있었다.

(지적, 감정적, 경험적으로) 이해하다
부장은 그가 승진될 것이라고 그가 알아듣게 말했다.

516 refresh [rifréʃ]
It was a sizzling night that I had a cold shower to **refresh** myself.

517 renovate [rénəvèit]
Billy **renovates** old houses and sells them at a profit.

518 revise [riváiz]
The publishers made her **revise** her manuscript four times.

519 say [sei]
What did she **say** about the book?

520 speak [spiːk]
If you tell her what I said, I'll never **speak** to you again!

521 talk [tɔːk]
He **talks** to his father on the phone almost everyday.

522 tell [tel]
Please **tell** me what you're going to do for weekends.

(몸과 마음을) 상쾌하게 하다, (기억을) 새롭게 하다

밤에 너무 더워서 나는 시원하게 하려고 찬물 샤워를 했다.

(건물 따위를) 고치다, 보수하다

빌리는 낡은 집들을 보수하고 이익을 남겨서 판다.

교정, 수정하다

출판사들은 그녀에게 그녀의 원고를 네 번 고치게 했다.

~라고 말하다

그 책에 대해 그녀는 뭐라고 말하던가요?

연설하다, 언어를 말하다

만일 내가 한 말을 그녀한테 일러바치면, 다시는 너랑 얘기 안 할 거야!

대화하다

그는 아빠와 거의 매일 전화통화를 한다.

~에게 말하다

주말에 무엇을 할 것인지 나에게 알려주세요.

523 **teach** [tiːtʃ]

Her mother **teaches** her how to cook.

524 **educate** [édʒukèit]

He was born in Incheon and **educated** at Korea University.

525 **instruct** [instrʎkt]

He **instructed** the trainees at the factory.

526 **thief** [θiːf]

I saw a **thief** snatch a wallet on the subway.

527 **burglar** [bə́ːrglər]

My house is well protected against **burglars**.

528 **robber** [rɑ́bər/rɔ́bər]

The bank **robbers** were given sentences ranging up to 10 years.

(어떤 과목이나 요리 등을) 가르치다
그녀의 어머니는 그녀에게 요리를 가르친다.

(장기간 동안) 교육하다
그는 인천에서 태어나 고려대학교에서 교육을 받았다.

(어떤 방법을 익힐 수 있게) 가르치다, 지시하다
그는 공장에서 훈련생을 지도하였다.

(물건을 훔치는) 도둑
나는 도둑이 지하철에서 지갑을 훔치는 것을 보았다.

(몰래 집에 침입해서 물건을 훔치는) 도둑
우리 집은 밤손님으로부터 철저하게 방비되어 있다.

(은행, 상점 등을 터는) 강도
은행 강도들은 최고 10년 형을 받았다.

529 **toilet** [tɔ́ilit]
Don't forget to flush the **toilet**.

530 **bathroom** [bǽθrù(:)m/bá:θ-]
She just left to go to the **bathroom**.

531 **lavatory** [lǽvətɔ̀:ri/-təri]
There are four **lavatories** in this plane.

532 **powder room**
It is hard to find **powder rooms** around here.

533 **rest room**
Smoking is prohibited in the **rest rooms**.

534 **tree** [tri:]
The bark of the chestnut **trees** was shiny.

535 **bush** [buʃ]
He sat under a **bush** to take a rest.

536 **shrub** [ʃrʌb]
This **shrub** prefers cold and arid climates.

(변기를 사용할 수 있는 장소로서의) 화장실, 변기
잊지 말고 변기 물 내려라.

(욕조, 세면대 등을 갖춘 가정의) 욕실, 화장실
그녀는 화장실에 가려고 방금 자리를 떴다.

(격식을 차린 표현으로 주로 비행기 내의) 화장실
이 비행기에는 화장실이 4군데 있다.

(특히 여성이) 화장을 할 수 있는 화장실
이 주변에서 화장실을 찾기 어렵다.

(학교, 백화점 등 공공건물에 있는) 화장실
화장실에서는 금연입니다.

(보통 의미의) 나무
밤나무의 껍질이 빛나고 있었다.

(일반적인) 관목, 덤불
그는 덤불 아래 앉아 휴식을 취했다.

(전문용어로서의) 관목
이 관목은 한랭건조한 기후를 선호한다.

537 **under** [ʌ́ndər]
She put some magazines **under** the table.

538 **underneath** [ʌ̀ndərní:θ]
The ants are **underneath** the blanket.

539 **below** [bilóu]
The temperature is **below** freezing.

540 **beneath** [biní:θ/-ní:ð]
She felt a warm sand **beneath** her feet.

541 **valuable** [vǽlju:əbəl/-ljəbəl]
She gave me **valuable** information.

542 **invaluable** [invǽljuəbəl]
Her marketing expertise is **invaluable** to our project.

543 **valueless** [vǽlju:lis]
I do not want to get involved in **valueless** activities.

수직으로 아래에 있는
그녀는 식탁 아래에 잡지를 가져다 두었다.

아래에 덮여 있는
이불 밑에 개미들이 있다.

어떤 것보다 훨씬 아래에 있는
기온이 영하이다.

주로 문어체로 사용되며 below와 비슷한 의미
그녀는 발밑에 있는 모래의 온기를 느꼈다.

값이 나가는, 고가의, 소중한
그녀는 나에게 귀중한 정보를 주었다.

매우 유용한
그녀의 마케팅에 대한 지식은 우리의 프로젝트에 매우 유용하게 사용된다.

쓸모없는
나는 쓸데없는 활동에 참여하고 싶지 않다.

544 van [væn]
My **van** can carry a lot of people.

545 lorry [lɔ́(:)ri/lɑ́ri]
I nearly hit the **lorry** on the street.

546 truck [trʌk]
Huge **trucks** arrived with a lot of chickens.

---

547 want [wɔ(:)nt/wɑnt]
She **wanted** to get out of there.

548 wish [wiʃ]
He **wished** to consult her about his future jobs.

---

549 worried [wə́:rid/wʌ́rid]
She began to feel **worried** about him.

550 worrying [wə́:riiŋ/wʌ́r-]
I had a **worrying** time at school all day.

물건을 실어 나르는 화물차
내 화물차는 많은 사람을 실어 나를 수 있다.

(영국식 표현) 밴 보다 큰 트럭
나는 길에서 트럭을 받을 뻔 했다.

(미국식 표현) 화물용 트럭
닭을 가득 실은 대형 트럭들이 도착하였다.

원하다, 필요로 하다
그녀는 그곳을 벗어나고자 하였다.

문어체에서 쓰이며 뜻은 want와 같다
그는 장래의 직장에 대해 그녀와 상담하고 싶었다.

마음이 편치 못한, 걱정스러운
그녀는 그가 걱정되기 시작했다.

걱정스럽게 만드는, 귀찮은
나는 하루 종일 학교에서 짜증나는 시간을 보냈다.

Chapter 3

TEPS
기출
COLLOCATIONS

1. Verb + Noun

551 abuse drugs
His behavior was strange as if he **abused drugs**.

552 address the issue
We need to **address the issues** about our working conditions.

553 address a speech
The president will **address a speech** in a minute.

554 administer first-aid
The paramedics **administered first-aid** as soon as they arrived.

555 apply ointment
My older sister **applied ointment** to the wound on my arm.

556 attract tourists
Seoul **attracts** a lot of foreign **tourists** every year.

557 balance the book
The accounting clerk had to **balance the book** within a week.

동사 + 명사

마약을 복용하다
그는 마치 마약을 복용한 것처럼 행동이 이상했다.

논제를 제기하다
우리는 근로 조건에 대해 논제를 제기할 필요가 있다.

연설하다
잠시 후 대통령의 연설이 있겠습니다.

응급조치를 취하다
도착하자마자 구급대원들은 응급조치를 취했다.

연고를 바르다
언니가 내 팔에 난 상처에 연고를 발라주었다.

관광객을 유치하다
서울은 매년 수많은 외국인 관광객을 끌어들인다.

회계장부를 결산하다
경리는 회계장부를 일주일 내에 결산해야 했다.

558 bear the blame
Even though it was not his fault, he **bore the blame**.

559 bear the expense
All **the expenses** were **born** equally by the participants.

560 bid farewell to (a person)
It is time to **bid farewell to** everybody.

561 blow one's nose
Americans **blow their nose** during the meal.

562 boost sales
The company is trying to **boost sales** by lowering their prices.

563 bounce a check
After all, they decided to **bounce the check**.

564 break a record
It is not easy to **break a record**.

565 break one's fast
After three days of hunger strike, she made up her mind to **break her fast**.

비난을 감수하다
그의 잘못이 아니었지만, 그는 비난을 감수하였다.

비용을 부담하다
모든 비용을 참가자들이 공평하게 부담했다.

~에게 작별 인사를 하다
이제 모든 사람들에게 작별을 고할 때가 되었다.

코를 풀다
미국인은 식사 중에 코를 푼다.

매출을 증진시키다
회사는 가격인하를 통해 매출을 증진시키고자 노력하고 있다.

수표를 부도처리하다
결국, 그들은 수표를 부도처리하기로 결정하였다.

기록을 깨다
기록을 깨기 쉽지 않다.

단식을 멈추다
3일간의 단식 투쟁 끝에, 그녀는 단식을 멈추기로 결정했다.

566 break the news
He had to **break the** sad **news** to Joan's family.

567 bring a suit against~
She **brought a suit against** SONY.

568 cast a vote
I still find it difficult to **cast a vote** for a Republican.

569 catch a cold
I **caught a cold** last week.

570 change the subject
Don't **change the subject**.

571 chant a slogan
All the employees started to **chant a slogan**.

572 claim a refund
The furious customers **claimed a refund**.

573 claim lives
The fire last night **claimed** 10 **lives**.

574 claim one's luggage
After clearing customs and immigration, you will have to **claim your luggage**.

소식을 전하다
그는 존의 가족에게 흉보를 전해야 했다.

~를 상대로 소송을 걸다
그녀는 소니를 상대로 소송을 걸었다.

투표를 하다
나는 아직도 공화당원에게 투표하는 것이 어렵다고 생각된다.

감기에 걸리다
나는 지난주부터 감기에 걸렸어.

말을 바꾸다
딴 소리 하지 마.

슬로건을 일제히 외치다
직원 모두가 일제히 슬로건을 외치기 시작했다.

환불을 요구하다
분노한 손님들은 환불을 요청하였다.

목숨을 잃다
어젯밤 화재로 10명이 목숨을 잃었다.

(공항에서) 짐을 찾다
세관과 입국심사를 마친 후, 짐을 찾아야 합니다.

575 comb one's hair
He **combed his daughter's hair** while she was sleeping.

576 commit a crime
Jealousy drove me to **commit the crime**.

577 commit suicide
She **committed suicide** because of melancholly.

578 conserve water
To **conserve water** is very important especially in summer.

579 contract disease
A lot of children in Africa have **contracted AIDS**.

580 give one's regards
When you go back home, please **give my regards** to your mother.

581 deliver a blow
I want to **deliver a blow** to their argument.

582 deliver a baby
He rushed her to the hospital where doctors **delivered her baby**.

빗질하다
그는 딸이 잠들어 있는 동안 머리를 빗어주었다.

범죄를 저지르다
질투가 범죄를 저지르게 만들었다.

자살하다
그녀는 우울증으로 인해 자살하였다.

물을 아껴 쓰다
특히 여름철 절수가 매우 중요하다.

병에 걸리다
아프리카의 수많은 어린이들이 에이즈에 감염되어 있다.

안부를 전해주다
집에 돌아가면 너희 엄마한테 안부 전해줘.

타격을 가하다
나는 그들의 주장에 일격을 가하고 싶다.

분만하다
그는 그녀를 병원으로 데려가서 아이를 분만하도록 하였다.

583 deliver a verdict
The jury **delivered a verdict** of legal defense.

584 dismiss the charge
The judge **dismissed the charge**.

585 do damage
His thoughtless behavior **did damage** to our reputation.

586 do some shopping
I want to **do some shopping** in this shopping mall.

587 do the laundry
Please help me **do the laundry** after lunch.

588 draw a curtain
When you use a beam projector, it is better to **draw a curtain**.

589 draw a line
You'd better **draw a line**, or he will try to take advantage of you again.

590 drive a nail
He **drives a nail** with a hammer.

판결을 내리다
배심원은 정당방위 판결을 내렸다.

고소를 기각하다
판사는 고소를 기각하였다.

손해를 입히다
그의 무분별한 행동은 우리의 명성에 손상을 입혔다.

쇼핑하다
이 쇼핑몰에서 물건 좀 사고 싶다.

빨래하다
점심 먹고 나서 빨래하는 것 좀 도와주세요.

커튼을 치다
빔 프로젝터를 사용할 때, 커튼을 치는 것이 더 좋다.

한계를 긋다
선을 분명히 긋는 것이 좋겠다. 그렇지 않으면 그는 또 다시 너를 이용하려 들 것이다.

못을 박다
그는 망치로 못을 박는다.

591 earn a degree
He **earned his doctor's degree** within 3 years.

592 ease pain
This medicine will **ease your pain**.

593 enjoy longevity
My grandparents **enjoyed longevity**.

594 enter the army
My little brother just **entered the army**.

595 enter the war
My grandfather **entered the Korean war** and passed away.

596 exercise caution
You have to **exercise caution** in this area.

597 exercise the right
You may **exercise your right** to veto.

598 expect a baby
My younger sister is **expecting a baby**.

599 extend a building
It takes too much money to **extend the building**.

학위를 따다
그는 3년 안에 박사 학위를 땄다.

고통을 덜어주다
이 약이 고통을 덜어줄 것이다.

장수하다
우리 조부모님은 장수하셨다.

입대하다
내 남동생은 군에 입대한 지 얼마 되지 않았다.

참전하다
우리 할아버지는 한국전쟁에 참전하여 전사하셨다.

주의하다
이 구역에서는 주의해야 한다.

권리를 행사하다
당신은 거부권을 행사할 수 있습니다.

임신 중이다
내 여동생은 임신 중이다.

증축하다
증축하는 데 비용이 너무 많이 든다.

600 extend a visa
I went to the embassy to **extend my visa**.

601 fill a position
We posted an ad in the newspaper to **fill a position**.

602 fill a prescription
I went to the pharmacy to get this **prescription filled**.

603 floss one's teeth
You have to **floss your teeth** before you go to bed.

604 follow suit
If she agrees, he will **follow suit**.

605 forge a relationship
Japan wanted to **forge a** good **relationship** with Korea.

606 form a committee
We **formed a strong committee** for the sake of all of us.

607 formulate a hypothesis
It is not very difficult to **formulate a hypothesis**, but it is hard to prove it.

비자를 연장하다
나는 비자를 연장하기 위해 대사관에 갔다.

충원하다
충원을 위해 신문광고를 냈다.

처방전대로 약을 조제하다
나는 이 처방전대로 약을 조제받기 위해 약국에 갔다.

치실질하다
자기 전에 치실질을 해야 한다.

전례를 따르다
그녀가 찬성하면, 그도 이에 따를 것이다.

관계를 구축하다
일본은 한국과 좋은 관계를 구축하기를 원했다.

위원회를 구성하다
우리 모두를 위해 강력한 위원회를 구성하였다.

가설을 세우다
가설을 세우는 것은 그렇게 어렵지 않지만, 그것을 증명하는 것은 어렵다.

608 gain weight
I **gained** too much **weight** recently.

609 get the door
Who is going to **get the door**?

610 give someone a ride to ~
My dad always **gives me a ride to** school in the morning.

611 give an answer
I will **give an answer** to you in a week.

612 hold a belief
She **holds a** strong **belief** in God.

613 hold a meeting
The **meeting** will be **held** on July 12th.

614 hold a record
He **holds** the world **record** in the pole vault.

615 hold one's breath
She had to **hold her breath** to survive during the war.

616 identify the problem
They were not able to **identify the problem**.

몸무게가 늘다
나는 요즘 살이 너무 쪘다.

(초인종 소리를 듣고) 문을 열어주다
누가 문을 열어줄 거니?

(차에) ~를 ~까지 태워주다
아빠가 매일 아침 학교까지 태워다 준다.

대답하다
일주일 후에 대답해주겠다.

믿음을 갖다
그녀는 강한 신앙심을 가지고 있다.

회의를 열다
그 회의는 7월 12일에 열릴 것이다.

기록을 보유하다
그는 장대높이뛰기에서 세계 신기록을 보유하고 있다.

숨을 참다
그녀는 전쟁 중에 생존을 위해 숨을 참아야 했다.

문제를 찾아내다
그들은 문제를 찾아낼 수 없었다.

617 impose a curfew
A **curfew** was **imposed** on the town.

618 invade a privacy
Do not **invade my privacy** again!

619 keep a diary
She **keeps a diary** everyday.

620 keep a secret
I don't talk to those who do not **keep a secret**.

621 keep one's word
She never **keeps her word**.

622 launch an attack
They **launched an attack** the next morning.

623 lose a game
If they **lose the game**, they will also lose a lot of money.

624 lose count
I **lost count** again.

625 make the bed
Listen to music while I **make the bed**.

규제를 가하다
그 마을에 야간 외출 금지령이 내렸다.

사생활을 침범하다
다시는 내 사생활을 침범하지 마!

일기를 쓰다
그녀는 매일 일기를 쓴다.

비밀을 지키다
나는 비밀을 지키지 않는 사람들하고는 얘기하지 않는다.

약속을 지키다
그녀는 한 번도 약속을 지킨 적이 없다.

공격을 개시하다
그들은 다음 날 아침에 공격을 개시하였다.

게임에서 지다
그들이 경기에서 지게 되면, 그들은 많은 돈을 또한 잃게 될 것이다.

수를 세다 까먹다
나 또 수를 세다 까먹었다.

잠자리를 정돈하다
잠자리를 마련하는 동안 음악 듣고 있어.

626 make a difference
The TV commercial **made a difference** in sales.

627 make a fuss
Do not **make a fuss** at night.

628 make breakfast
She did not **make breakfast** because she was so mad at him.

629 make friends
When you join this club, you will be able to **make** a lot of **friends**.

630 make money
He does not **make money at all**.

631 make a fortune
Do not try to **make a fortune** in a day.

632 make objections
He **made objections** to my suggestions.

633 make sense
What she said did not **make sense**.

634 make way
He did not want to **make way** for me.

변화를 주다
그 TV 광고는 판매에 큰 변화를 주었다.

소란을 피우다
밤에 소란 피우지 마라.

아침식사를 준비하다
그녀는 그에게 화가 많이 나서 아침을 준비하지 않았다.

친구를 사귀다
이 부서에 가입하면 많은 친구를 사귈 수 있을 것이다.

돈을 벌다
그는 전혀 돈을 벌지 않는다.

큰돈을 벌다
하루 만에 큰돈을 벌려고 하지 마라.

이의를 달다
그는 나의 제안에 이의를 달았다.

이치에 맞다
그녀가 말한 것은 이치에 맞지 않았다.

길을 비켜주다
그는 내게 길을 비켜주려고 하지 않았다.

635 make a call
As soon as she arrived at the hotel, she **made a call** to her mother.

636 meet a requirement
Your job experiences in the previous companies do not **meet our requirement**.

637 meet a deadline
I tried hard to **meet** the **deadline**, but I couldn't.

638 pass sentence
The judge hesitated to **pass sentence** upon him.

639 pay attention
When you work with dangerous machines, you must **pay** more **attention**.

640 pay the bill
She is going to **pay the bill** tomorrow.

641 pay the price
I am now **paying the price** for not exercising when I was young.

642 pick one's nose
My little son always **picks his nose**.

전화를 걸다
그녀는 호텔에 도착하자마자, 엄마에게 전화를 걸었다.

요구사항을 충족시키다
당신의 이전 직장 경험이 우리의 요구사항을 충족시키지 않습니다.

마감시간에 맞추다
나는 마감시간을 맞추려 하였으나, 그렇게 하지 못했다.

형을 선고하다
판사는 그에게 형을 선고하는 것을 주저하였다.

주의를 기울이다
위험한 기계로 일을 할 때에는, 더욱 주의를 기울여야 한다.

요금을 내다
그녀는 내일 요금을 낼 것이다.

희생을 치르다, 값을 지불하다
어려서 운동하지 않은 대가를 지금에서야 톡톡히 치르고 있다.

코를 파다
어린 아들은 항상 코를 판다.

643 place an order
When you **place an order** now, you will receive the item within a week.

644 play a role
Her existence **played an** important **role** in our community.

645 play a trick on
He hardly **plays a trick** on others.

646 pose a problem
She bravely **posed a problem** in the meeting.

647 prove a point
His opinion was not clear because he didn't **prove his point**.

648 pull the trigger
Jason is convinced Bob **pulled the trigger**.

649 punch a ticket
The station attendant will **punch** your **ticket**.

650 put on makeup
Japanese highschool girls **put on** too much **makeup**.

주문하다
지금 주문하시면 일주일 안에 물건을 받을 수 있습니다.

역할을 하다
그녀의 존재가 우리 모임에서 중요한 역할을 하였다.

~에게 장난을 치다
그는 좀처럼 다른 사람에게 장난을 걸지 않았다.

문제를 제기하다
회의 중에 그녀는 용감하게 문제를 제기했다.

논지를 입증하다
그는 논지를 충분히 입증하지 않았기 때문에 그의 의견은 분명하지 않았다.

방아쇠를 당기다
제이슨은 밥이 방아쇠를 당겼다고 확신했다.

개찰하다
역무원이 티켓을 개찰할 것이다.

화장하다
일본 여고생들은 너무 진하게 화장을 한다.

651 put the plan into action
Nobody tried to **put the plan into action**.

652 raise a question
A lot of people **raised a question** right after his remarks.

653 raise funds
They are **raising funds** to help the poor.

654 raise salary
The president promised me that he would **raise** my **salary** from next month.

655 reach a conclusion
They didn't **reach a conclusion**.

656 reach an agreement
They **reached an agreement** after negotiating for more than 2 hours.

657 regain consciousness
She never **regained** her **consciousness** after the accident.

658 recover the cost
They worked even harder to **recover the cost**.

계획을 실천에 옮기다
아무도 계획을 실천에 옮기려 하지 않았다.

이의를 제기하다
그의 발언이 끝나자마자 많은 사람들이 이의를 제기했다.

기금을 모으다
그들은 가난한 사람을 돕기 위해 기금을 마련 중이다.

봉급을 올리다
사장님이 다음 달부터는 봉급을 올려주기로 약속했다.

결론짓다
그들은 결론을 내리지 못했다.

의견의 일치를 보다
2시간이 넘는 협상 끝에 의견 일치를 보았다.

의식을 되찾다
그녀는 사고를 당한 후 의식을 되찾지 못했다.

비용을 만회하다
그들은 비용을 만회하기 위해 더욱 더 열심히 일했다.

659 relieve the pain
These pills will **relieve the pain**.

660 run a fever
My baby is **running a fever**.

661 run a risk
It is worth **running a risk**.

662 seek membership
You are requested to **seek membership** in the Autumn Conference in advance.

663 serve a 10-year sentence
While he was **serving a 10-year sentence**, his wife took good care of their children.

664 serve the guest
She is busy **serving the guest**.

665 set a date for the wedding
Tom and Martha **set a date for the wedding**.

666 set the alarm
He had **set the alarm** at six, but he couldn't hear it.

고통을 완화시키다
이 알약이 고통을 완화시킬 것이다.

열이 나다
내 아이한테서 열이 나고 있다.

위험을 무릅쓰다, 모험하다
위험을 무릅쓸 가치가 있다.

회원 가입을 신청하다
가을 학회에 미리 회원 가입 신청을 해야 한다.

10년형을 살다
그가 10년을 복역하는 동안, 그의 아내가 아이들을 잘 보살폈다.

손님을 접대하다
그녀는 손님을 접대하느라 바쁘다.

결혼 날짜를 잡다
톰과 마사는 결혼 날짜를 잡았다.

자명종을 맞추다
그는 6시에 알람을 맞춰 두었지만, 듣지 못했다.

667 shed tears
He was **shedding tears** over his grandfather's death.

668 sign a pact
All the countries refused to **sign the pact**.

669 stage a strike
Approximately 200 workers **staged a strike** over wages.

670 sweep the floor
I finished **sweeping the** bedroom **floor**.

671 take a course
She wanted to **take courses** for undergraduate students.

672 take a deep breath
First, you need to **take a deep breath**.

673 take measures
If we do not **take measures** in time, we will get in trouble later.

674 take medicine
You have to **take** this **medicine** 30 minutes after each meal.

눈물 흘리다
그는 할아버지의 죽음으로 인해 눈물을 흘리고 있었다.

조약을 체결하다
모든 나라들은 조약 체결을 거부했다.

파업하다
약 200명의 근로자들이 임금문제로 파업하였다.

바닥을 쓸다
나는 침실 바닥을 다 쓸었다.

과목을 수강하다
그녀는 학부 과목들을 수강하고자 하였다.

심호흡하다
우선, 심호흡을 해야 한다.

조치를 취하다
적절한 시기에 조치를 취하지 않으면, 나중에 문제가 생길 것이다.

약을 복용하다
매 식후 30분 후에 이 약을 복용해야 한다.

675 throw a party
Jenny is **throwing a party** this Saturday.

676 violate one's privacy
Most people feel that the media **violates people's privacy**.

677 wash the dishes
She helped her mom to **wash the dishes**.

678 watch one's step
Watch your step! The floor is old and fragile.

679 wear perfume
She doesn't **wear perfume** when she goes to church.

680 win a game
If I **win the game**, I will buy you dinner.

파티를 열다
제니는 이번 토요일에 파티를 열 것이다.

사생활을 침해하다
대부분의 사람들은 대중매체가 사람들의 사생활을 침해한다고 느낀다.

설거지하다
그녀는 엄마가 설거지하는 것을 도와드렸다.

발밑을 조심하다
발밑을 조심해! 바닥이 오래되어서 약해.

향수를 뿌리다
교회에 갈 때 그녀는 향수를 뿌리지 않는다.

게임에서 이기다
게임에서 이기면 저녁을 사겠다.

2. Noun + Noun (Compound Noun)

681 ballot box
The **ballot box** is located in front of the blackboard.

682 bear market
cf. bull market
The US dollar is in a secular **bear market**.

683 brain-wash
Children are easily **brainwashed** by TV commercials.

684 cat burglar
The **cat burglar** was arrested by the police.

685 credit sale
We do not offer **credit sales**. Cash only!

686 faction infighting
The Democratic Party is having troubles because of the **faction infighting**.

687 family tree
Your **family tree** shows how you are related to your relatives.

명사 + 명사 (복합명사)

투표함
투표함은 칠판 앞에 놓여 있다.

(증권의) 약세 시장
cf. bull market 강세 시장
미국 달러는 계속해서 약세를 보이고 있다.

세뇌, 세뇌시키다
아이들은 TV 광고에 의해 쉽게 세뇌된다.

밤도둑
밤도둑은 경찰에 의해 붙잡혔다.

신용판매
저희는 신용판매를 하지 않습니다. 현금 거래만 가능!

당의 내분
민주당은 당의 내분으로 인해 곤란을 겪고 있다.

족보
족보를 보면 친척들과 어떻게 연관이 되어 있는지를 알 수 있다.

688 hand grenade
He threw the **hand grenades** at the enemies.

689 hunger strike
She went on a **hunger strike**.

690 illiteracy rate
It was reported that the **illiteracy rate** has decreased since 1988.

691 inferiority complex
He has an **inferiority complex**.

692 installment sale
Without **installment sale**, she couldn't have bought the car.

693 jet lag
I feel very tired due to **jet lag**.

694 life expectancy
The average **life expectancy** of a Korean is 74.

695 makeup exam
Since I failed the final exam, I have to take a **makeup exam** next Monday.

수류탄
그는 적을 향해 수류탄을 던졌다.

단식 투쟁
그녀는 단식 투쟁을 계속하였다.

문맹률
1988 이후로 문맹률이 감소해 왔다고 보고되었다.

열등감
그는 열등감으로 가득하다.

할부판매
할부판매가 아니었다면, 그녀는 차를 살 수 없었을 것이다.

(비행기 여행으로 인한) 시차 피로
시차로 인해 매우 피곤하다.

예상 수명
한국인의 평균 예상 수명은 74세이다.

재시험
기말고사에 떨어져서 다음 주 월요일에 재시험을 봐야 한다.

696 maternity leave
Rebecca is on **maternity leave** now.

697 motion sickness
He is prone to **motion sickness**.

698 nonaggression pact
Both countries concluded a **nonaggression pact**.

699 ocean currents
Ocean currents contribute to the heat transport from tropics to the poles.

700 population density
This city has a **population density** of about 150 people per square kilometer.

701 rat race
He retired early to get out of the **rat race**.

702 sandwich course
I am taking two **sandwich courses**.

703 scape-goat
He looked for a **scapegoat** when things didn't go his way.

출산 휴가
레베카는 지금 출산 휴가 중이다.

멀미
그는 차멀미하기 일쑤다.

불가침 협정
양국은 불가침 협정을 체결하였다.

해류
해류는 적도로부터 극지방으로의 열전달에 도움을 준다.

인구밀도
이 도시는 제곱킬로미터 당 150명의 인구 밀도를 가지고 있다.

치열한 경쟁 사회
그는 치열한 경쟁사회에서 빠져나오기 위해 일찍 은퇴했다.

이론실습 병행 강좌
나는 이론실습 병행 강좌 2개를 듣고 있다.

희생양
일이 마음대로 되지 않자, 그는 희생양을 찾았다.

704 shanty-town
They visited the **shantytown** to help the poor.

705 speed merchant
He is a real **speed merchant**.

706 stag party
Girls are not invited to the **stag party**.

707 summit talk
South-North Korea **summit talks** blew up over the nuclear test ban.

708 surprise attack
We are prepared for any possible **surprise attack**.

709 transition period
We have to recognize that we are in the midst of the **transition period**.

710 wire transfer
Payment via **wire transfer** is very convenient.

판자촌
그들은 빈민을 돕기 위해 판자촌을 방문했다.

속도광
그는 속도광이다.

남자들만의 파티
남자들끼리의 파티에 소녀들은 초대되지 않는다.

정상회담
남북 정상회담은 핵실험 금지 문제로 깨졌다.

기습 공격
우리는 어떠한 기습 공격에도 준비가 되어 있다.

과도기
우리가 과도기의 한 가운데 있다는 사실을 인식해야 한다.

온라인 송금
온라인 송금으로 결재하는 것은 매우 편리하다.

3. Adjective + Noun

711 **acute analysis**
Everybody was surprised at his **acute analysis**.

712 **affordable price**
This hotel is famous for great services at an **affordable price**.

713 **back issue**
It is hard to get **back issues** of this magazine published in 1995.

714 **black sheep**
There is a **black sheep** in every flock.

715 **borderline case**
He is good at handling **borderline cases**.

716 **broad outline**
The professor gave students a **broad outline** of his lecture.

717 **carcinogenic substance**
Cigarettes contain a certain amount of **carcinogenic substances**.

형용사 + 명사

예리한 분석
모든 사람들은 그의 예리한 분석에 경탄했다.

적당한 가격
이 호텔은 적당한 가격에 좋은 서비스로 유명하다.

과월호
1995년에 발행된 이 잡지의 과월호를 구하기가 쉽지 않다.

말썽꾸러기, 골칫거리
어느 집에나 말썽꾸러기는 있다.

애매한 경우
그는 애매한 경우를 잘 처리한다.

개괄적인 윤곽
교수는 학생들에게 강의의 개괄적인 윤곽을 제시하였다.

발암 물질
담배는 발암물질을 일정량 포함하고 있다.

718 cold feet
He got **cold feet** and ran away.

719 complimentary remark
She was pleased at a **complimentary remark** from her teacher.

720 complimentary ticket
I received two **complimentary tickets** for a piano concert.

721 dead end
She ran into a **dead end**.

722 educational background
You have to include your **educational background** when you write a resume.

723 firm reality
It is time for us to take a deep breath and face the **firm reality**.

724 foregone conclusion
As he had told us, the outcome was a **foregone conclusion**.

725 fresh water
Carps are found in **fresh waters**.

겁, 공포심
그는 겁을 먹고 달아났다.

칭찬
그녀는 선생님으로부터 칭찬을 받고 기뻐했다.

우대권, 초대권
나는 피아노 연주회 초대권 2장을 받았다.

막다른 골목
그녀는 막다른 골목에 이르렀다.

학력
이력서를 작성할 때 학력 사항을 포함해야 한다.

엄연한 현실
이제 우리는 깊게 숨을 들이쉬고 엄연한 현실에 맞설 때가 왔다.

뻔한 결과
그가 말했던 것처럼 뻔한 결과가 나왔다.

담수, 민물
잉어는 민물에서 발견된다.

726 golden opportunity
We shall never have such a **golden opportunity** again.

727 implicit faith
It is dangerous to have **implicit faith**.

728 incipient symptom
There are no apparent **incipient symptoms** of breast cancer.

729 intensive reading
After **intensive reading** of the first draft, he found a few typos.

730 live broadcast
She is supposed to make a speech in a **live broadcast**.

731 makeshift measure
Their **makeshift measures** caused some problems.

732 naked eyes
We cannot see bacteria or viruses to with **naked eyes**.

절호의 기회
우리는 또 다시 그러한 절호의 기회를 얻을 수 없을 것이다.

맹목적 신앙
맹목적 신앙은 위험하다.

초기 증상
유방암은 초기증상이 분명하지 않다.

정독
초고를 정독한 후에, 그는 몇 개의 오타를 발견하였다.

생방송
그녀는 생방송에서 연설을 하기로 되어 있다.

미봉책, 임시방편
그들의 임시방편적 대책은 문제를 발생시켰다.

육안
우리는 세균이나 바이러스를 육안으로 볼 수 없다.

733 natural selection
Natural selection is one of the basic mechanisms of evolution.

734 open question
It is still an **open question** who shot the gun.

735 persistent rumor
There is a **persistent rumor** that a ghost appears in this house.

736 petty crime
Stealing chewing gum at a supermarket can be a **petty crime**.

737 plastic surgery
His wife is considering **plastic surgery** on her nose.

738 prime time
It is extremely costly to put an advertisement on TV during appears **prime time**.

739 rear seat
Most students prefer **rear seats**.

자연 도태
자연 도태는 진화의 기초적인 체계 중 하나이다.

미결의 문제
누가 총을 쏘았는지는 아직도 미결의 문제로 남아 있다.

계속 떠도는 소문
이 집에서 귀신이 출몰한다는 떠도는 소문이 있다.

경범죄
슈퍼에서 껌을 훔치는 것도 경범죄가 될 수 있다.

성형수술
그의 아내는 코 성형수술을 생각하고 있다.

(텔레비전 등의) 시청률이 가장 높은 시간대, 전성기
시청률이 높은 시간에 TV 광고를 실으려면 비용이 엄청나게 많이 든다.

뒷좌석
대부분의 학생들은 뒷자리를 선호한다.

740 rental car
Using a **rental car** can be convenient when you travel around small towns of foreign countries.

741 scenic view
The observatory of the 63 Building gives you a nice **scenic view** of the Han River.

742 serious interest
Korean parents have a **serious interest** in the education of their children.

743 side effects
This medicine has few **side effects**.

744 tall story
He makes **tall stories** all the time.

745 unanimous vote
The resolution will be adopted by a **unanimous vote**.

746 unwanted weight
To eat something right before going to bed is a cause of **unwanted weight**.

747 upset stomach
She has an **upset stomach**.

렌트용 자동차
외국의 작은 마을들을 구경하려면 렌트용 자동차를 사용하는 것이 편리할 수 있다.

경치, 전망
63빌딩의 전망대는 한강의 멋진 경치를 제공한다.

지대한 관심
한국의 부모는 자식 교육에 지대한 관심을 가지고 있다.

부작용
이 약은 부작용이 거의 없다.

허풍
그는 항상 허풍을 떤다.

만장일치 투표
결의안은 만장일치 투표에 의하여 채택될 것이다.

군살
잠자리에 들기 전에 하는 군것질이 군살의 원인이다.

배탈
그녀는 배탈이 났다.

748 vicious circle
The **vicious circle** of poverty continued.

749 wet suit
We need to wear a **wet suit** to keep ourselves warm under water.

750 white lie
What's the harm of a **white lie** if it makes him feel better?

악순환
빈곤의 악순환이 지속되었다.

잠수복
우리는 물속에서 우리의 체온을 유지하기 위해 잠수복을 입을 필요가 있다.

선의의 거짓말
만약 선의의 거짓말이 그의 기분을 좋게 해준다면 나쁠 게 뭐냐?

Chapter 4

TEPS
기출
2어 동사

across

751 come across

I **came across** Minji on the way to school yesterday.

752 get across

Tom can't **get** his point **across** to others.

753 run across

Tell me if you **run across** a magazine on log houses.

754 stumble across

He **stumbled across** a fabulous cafe the other day.

가로질러, 횡단

길에서 마주치다, 전달되어 오다

나는 어제 학교 가는 길에 민지를 만났다.

(상대방에게) 전달하다

톰은 자기 말의 요점을 전달할 줄 모른다.

(뛰어가다가) 마주치다

통나무집에 관한 잡지를 발견하게 되면 나에게 알려줘.

우연히 마주치다

그는 며칠 전 우연히 근사한 카페를 발견했다.

after

755 call after

She was **called after** her mother.

756 chase after

The girls **chased after** the chicken.

757 name after

They **named** the park **after** a soccer player born in the town.

758 go after

The fierce dog **went after** the thieves.

759 run after

The police **ran after** her, yelling at her to stop.

760 take after

Doesn't the baby **take after** his father?

뒤에, 따라서

따라 부르다
그녀는 어머니 이름을 따서 불려졌다.

추격하다
그 소녀들은 그 닭을 추격했다.

따라 이름 짓다
그들은 공원의 이름을 그 마을에서 태어난 축구선수의 이름을 따서 붙였다.

찾아 쫓아가다
사나운 개가 도둑들을 쫓아갔다.

쫓아 뛰다
경찰은 서라고 소리치면서 그녀를 쫓아 뛰었다.

(속성을) 취하다, 닮다
그 아기는 아빠를 닮지 않았니?

along

761 bring along
Bring along your laptop to the class.

762 come along
How is the cancer patient **coming along**?

763 get along
They are **getting along** fine with their physics.

764 move along
The soldiers **moved along** slowly.

765 tag along
Do you mind **tagging along**?

따라, 함께

같이 데려오다, 가져오다
수업시간에 노트북 컴퓨터를 가져오너라.

잘 나아가다, 진척되다
그 암 환자는 어떻게 나아지고 있습니까?

진척되다, 꾸려나가다
그들은 물리 수업을 잘 따라가고 있다.

앞으로 움직이다, 진척되다
장병들은 천천히 앞으로 움직였다.

같이 따라가다, 붙어 다니다
내가 꼬리에 붙어가도 괜찮겠니?

apart

766 come apart
His Ferrari **came apart** on the highway.

767 fall apart
My sneakers just **fell apart**.

768 pull apart
The teacher tried to **pull** the fighting kids **apart**.

769 set apart
Set the blue cards **apart** from the yellow ones.

770 take apart
His son **took** his computer **apart**.

771 tell apart
Not many people can **tell apart** Jerry and his twin brother.

떨어져, 분해되어

떨어져 나오다, 부서지다
그의 페라리 자동차가 고속도로에서 조각나 부서졌다.

떨어져 내리다, 산산 조각나다
내 운동화 바닥이 그냥 떨어져 나갔다.

떼어 놓다
선생님이 싸우는 아이들을 떼어놓으려고 하였다.

떼어 놓다, 구분하다
파란 카드를 노란 카드에서 떼어 놓아라.

분해하다
그의 아들은 컴퓨터를 분해하였다.

구분하다
제리와 그의 쌍둥이 동생을 구별할 수 있는 사람이 많지 않다.

around

772 fool around
He likes to **fool around** with his collection of coins.

773 go around
It is shameful to **go around** spreading rumors.

774 mess around
He likes to **mess around** with anybody.

775 push around
He **pushed around** his toy car.

776 run around
Would you stop **running around** in the restaurant?

777 shop around
To **shop around** with her is not very fun.

주변, 둘레

이리저리 만져보다
그는 수집한 동전을 갖고 여기저기 만져보기 좋아한다.

돌아다니다, 퍼지다
소문을 퍼뜨리고 돌아다니는 것은 수치스러운 일이다.

이리저리 실험해보다, 자고 다니다
그는 아무나하고 잠자리를 같이 한다.

밀고 돌아다니다, 못살게 굴다
그는 장난감 자동차를 밀고 다녔다.

뛰어 돌아다니다, 분주히 다니다
식당에서 그만 좀 뛰어다닐래?

쇼핑하고 돌아다니다
그 여자랑 쇼핑하고 돌아다니는 것은 그다지 재미있지 않다.

aside

778 brush aside
She **brushed aside** my advice.

779 cast aside
David **cast** his wife **aside** and ran off.

780 lay aside
She **laid aside** a piece of cake for her father.

781 push aside
This plan was **pushed aside** and forgotten.

782 set aside
He **set aside** enough money for a brand new car.

783 stand aside
They **stood aside** to let the alligators pass by.

784 step aside
The president **stepped aside** for his daughter.

옆으로, 피해서

제쳐 놓다, 무시하다
그녀는 나의 충고를 무시했다.

옆으로 내던지다, 거부하다
데이빗은 부인을 버려 두고 도망갔다.

떼어 놓다, 예비하다
그녀는 아버지를 위해 케이크 한 조각을 떼어 놓았다.

옆으로 밀어 두다, 제쳐 놓다
이 계획은 옆으로 밀려났고 잊혀졌다.

예비하다, 마련해 두다
그는 신상품 자동차를 사기 위해 충분한 돈을 마련해 두었다.

비켜서다, 개입하지 않다
그들은 악어들이 지나가도록 비켜섰다.

한 발짝 옆으로 옮기다, 2차선으로 물러나다
사장은 딸을 위해 2선으로 물러났다.

at

785 aim at
His remarks must have been **aimed at** me.

786 grab at
I will **grab at** any opportunity to get the job.

787 jump at
He didn't **jump at** the attractive offer from the firm.

788 marvel at
Everybody **marveled at** the beauty of the super models.

789 snap at
He **snapped at** the chance to get a loan.

790 throw at
He **threw** the ball **at** the third base.

791 work at
She is **working at** American History.

점으로, 점을 향하여

~에 겨누다, ~에 조준하다
그의 말은 틀림없이 나를 겨냥했던 것이었다.

움켜쥐다
나는 그 일을 잡기 위한 어떠한 기회라도 움켜쥘 것이다.

덤벼들다
그는 그 회사의 매혹적인 제의에 덤벼들지 않았다.

~에 놀라다, 감탄하다
모두들 슈퍼모델의 아름다움에 놀라움을 금치 못했다.

덥석 물다
그는 대출받을 수 있는 기회를 덥석 물었다.

겨냥하여 던지다
그는 3루를 겨냥하여 공을 던졌다.

~에서 일하다, ~에 대해 공부하다
그녀는 미국 역사에 대해 공부하고 있다.

away

792 back away

Susan will not **back away** from her promise.

793 keep away

My mom tried to **keep** me **away** from the refrigerator.

794 run away

At his scream, the robber **ran away**.

795 scare away

They **scared away** the people from the party.

796 snatch away

His grandfather's sudden death **snatched** his life-long dreams **away**.

797 stay away

Try to **stay away** from the high voltage wire.

798 take away

You cannot **take** my dreams **away** from me.

떨어져서, 멀리

꽁무니 빼다
수잔은 자신이 한 약속에서 꽁무니를 빼지 않을 것이다.

멀리 하다
엄마는 내가 냉장고에서 멀리 떨어져 있게 하려고 하셨다.

도망가다
그의 비명소리에 강도가 도망갔다.

겁주어 쫓아버리다
그들은 사람들을 겁주어서 파티에서 쫓아버렸다.

낚아채가다
할아버지의 갑작스런 죽음이 그의 평생의 꿈을 앗아갔다.

떨어져 있다
고압전선으로부터 떨어져 있도록 하시오.

데려가다, 빼앗아가다
당신은 결코 내 꿈을 빼앗아갈 수 없다.

799 tow away

I saw your car **towed away** by the tow truck.

800 walk away

The tourist **walked away** from the bus stop and headed East.

끌어가다, 견인해가다
당신의 자동차가 견인트럭에 의해 견인되는 것을 보았다.

다른 곳으로 걸어가다
그 관광객은 버스 정거장에서 걸어 나와서 동쪽으로 향했다.

back

801 cut back

We need to **cut back** our spending.

802 go back

Go back a few miles and you'll find a supermarket.

803 look back

After saying goodbye, he never **looked back**.

804 sit back

Sit back and make yourself at home.

805 step back

Could you **step back** from the escalator?

806 sit back

I just **sat back** and pretended nothing had happened.

뒤에, 뒤로

줄이다, 삭감하다
우리는 지출을 줄일 필요가 있다.

뒤로 가다, 돌아가다
몇 마일 뒤로 돌아가면 슈퍼마켓을 발견하게 될 것이다.

뒤를 보다, 뒤돌아보다
작별을 고한 후 그는 한 번도 뒤를 돌아보지 않았다.

의자에 깊숙이 앉다
앉아서 집처럼 편하게 생각하세요.

한 걸음 물러서다
에스컬레이터에서 뒤로 물러나주시겠습니까?

팔짱 끼고 앉아 있다, 개입하지 않다
나는 그저 팔짱 끼고 앉아서 아무 일도 없었던 것처럼 행동했다.

by

807 drop by

I **dropped by** his house on my way home.

808 go by

The bus **went by** the stop empty.

809 keep by

She always **keeps** her diary **by** her bedside.

810 live by

It's somewhat difficult to **live by** our principles.

811 play by

You never **play by** the rules.

812 stand by

My husband will **stand by** me no matter what happens.

813 stick by

He died in the hospital, but his wife **stuck by** him.

옆에, 곁에서

잠깐 ~하여 들르다
나는 집에 가는 길에 그의 집에 들렀다.

통과하다, 지나가다
버스가 빈 채로 정거장을 지나갔다.

곁에 두고 있다
그녀는 늘 일기장을 침대 머리맡에 둔다.

(원칙 등에) 따라 살다
원칙에 따라 사는 것은 다소 어렵다.

(규칙 등에) 따라 경기하다
너는 항상 규칙에 따라 경기하지 않는구나.

돕다, 지지하다
내 남편은 무슨 일이 있어도 내 곁에서 지켜줄 것이다.

고수하다, 버리지 않다
그는 병원에서 죽었지만, 그의 부인은 그를 떠나지 않았다.

down

814 bend down
He **bent down** to kiss her.

815 cool down
It takes quite some time for him to **cool down**.

816 fall down
The leaves **fall down** as winter begins.

817 pull down
She **pulled** her hat **down** over her eyebrows.

818 slow down
Please **slow down** a bit.

819 tear down
The furious crowds **tore** the posters **down**.

밑으로, 아래로

밑으로 구부리다
그는 허리를 굽혀 그녀에게 키스했다.

(열이) 식다, (마음을) 진정시키다
그는 진정하는 데 꽤 오랜 시간이 걸린다.

(밑으로) 떨어지다
겨울이 시작되면 나뭇잎이 떨어진다.

밑으로 끌어당기다
그녀는 모자를 눈썹 위까지 끌어당겼다.

속도를 늦추다
속도 좀 줄여봐.

찢어발기다, (건물을) 철거하다
성난 군중이 포스터를 찢어발겼다.

in

820 call in

Ford **called in** all '93 Escorts in order to replace their brakes.

821 cave in

Fortunately, there was nobody in the house when the roof **caved in**.

822 cut in

It is rude to **cut in** on other's conversation.

823 count in

Will you **count** me **in** for the journey?

824 give in

The old door **gave in** helplessly when we tried to open it.

825 kick in

The robbers **kicked** the door **in** and stole the valuables.

826 muscle in

No matter how hard our competitor tries to **muscle in** on our territory, they will not succeed in the end.

안에서

(불량제품 등을) 회수하다

포드사는 브레이크를 교체하기 위하여 93년 형 에스코드 모델을 전량 회수했다.

(천장이) 무너지다, 꺼지다

다행히도 지붕이 무너졌을 때, 집안에 아무도 없었다.

불쑥 끼어들다

다른 사람들의 대화에 불쑥 끼어드는 것은 무례한 일이다.

(어떤 활동에) 넣어주다

그 여행에 나도 좀 끼워주겠니?

(문, 의자가) 무너지다

우리들이 문을 열려고 했을 때, 그 낡은 문은 힘없이 무너졌다.

(문 따위를) 차서 부수다

강도들은 문을 차서 부수고 귀중품을 훔쳤다.

억지로 들어오다, 영역을 침범하다

경쟁사가 아무리 우리 영역에 밀고 들어오려고 해도, 결국 성공하지 못할 것이다.

827 **sit in**

You can **sit in** that chair.

~안에 앉다
저 의자에 앉으셔도 됩니다.

off

828 cross off [check off]
They **cross** her name **off** the list.

829 cut off
I **cut** the strings **off**.

830 drive off
As soon as he woke up, he **drove off**.

831 dry off
Dry off your hands after washing them.

832 pull off
She **pulled** her car **off** to take a rest.

833 rub off on
Your sense of humor seems to have **rubbed off on** your daughter.

834 send off
His mother **sent** him **off** to an English camp.

835 shake off
It's not easy for most people to **shake off** their bad habits.

떨어져서

줄을 그어 지우다
그들은 그녀의 이름을 명단에서 지웠다.

잘라내다
나는 끈을 잘라냈다.

차를 몰고 떠나다
그는 일어나자마자 차를 몰고 떠났다.

(물기를) 말려 없애다
손을 씻은 후에 완전히 말려라.

잡아당겨 벗다, 도로변에 대다
그녀는 좀 쉬러 차를 도로변에 댔다.

문질러 ~에 묻게 하다, 옮다
당신의 유머감각이 딸한테 옮겨진 것 같다.

보내다, 싸서 보내다
그의 어머니는 그를 영어캠프에 보냈다.

떨쳐버리다
대부분의 사람들은 나쁜 습관을 쉽게 떨쳐버리지 못한다.

on

836 carry on

She studied music to **carry on** her family tradition.

837 catch on

The new hair style has **caught on** since last month.

838 chew on

We'd better **chew on** it for a while.

839 keep on

You will have to **keep** your coat **on** inside the room.

840 log on

She **logged on** to the library system.

841 pass on

Pass on this questionnaire.

842 put on

Before you begin your experiment, you must **put** your protective goggles **on**.

843 touch on

Please **touch on** this topic only briefly.

접촉하여, 닿아서

계속해서 이어가다
그녀는 집안 전통을 이어가기 위해 음악을 공부했다.

이해하기 시작하다, 유행하기 시작하다
그 헤어스타일은 지난달부터 유행하고 있다.

~을 심사숙고하다
그것에 대해 잠시 곰곰이 생각해봐야겠다.

착용하고 있다
너는 방안에서 계속 코트를 입고 있어야 할 것이다.

(컴퓨터에 접속하여) 들어가다
그녀는 도서관 시스템에 접속하여 들어갔다.

계속해서 패스하다
이 질문지를 계속 돌리세요.

착용하다, 입다
실험을 시작하기 전에 보호안경을 착용해야 한다.

~에 대해 간단히 언급하다
이 주제에 대해 간단하게만 언급해주세요.

844 try on

Can I **try** this shirt **on** before I make up my mind?

845 turn on

He **turned on** the lights as soon as he entered the room.

착용해보다
결정하기 전에 이 셔츠를 입어봐도 될까요?

(전기, 기계를) 켜다
그는 방에 들어오자마자 불을 켰다.

out

846 break out
The war **broke out**.

847 bring out
The waitress **brought out** a glass of orange juice.

848 eat out
My parents never **eat out**.

849 hatch out
Chicks will **hatch out** in a week.

850 reach out
She **reached out** and grabbed the parking ticket.

851 send out
Did you **send out** the parcel?

852 sit out
I'd better **sit out** this class.

853 sleep out
My dad never allows us to **sleep out**.

854 take out
I **took** Jason **out** to dinner last evening.

밖으로, 밖에서

발진하다, 발발하다
전쟁이 발발하였다.

내오다
웨이트리스가 오렌지 주스 한 잔을 내왔다.

외식하다
우리 부모님은 절대 외식을 안 하신다.

부화되다
일주일 후에 병아리들이 부화될 것이다.

내뻗다
그녀는 손을 내뻗어서 주차권을 잡았다.

내보내다
너 소포 내보냈니?

불참하다
나는 이번 수업에 빠지는 편이 낫겠어.

외박하다
우리 아빠는 외박을 허용하지 않는다.

(~와) 외출하다
나는 어제 저녁 제이슨을 저녁식사에 데리고 나갔다.

over

855 bring over
She **brought** her friends **over** for dinner.

856 climb over
We just **climbed over** the bad situation.

857 hand over
He **handed over** the documents to his colleague.

858 hang over
Do not **hang** the ugly chandelier **over** my head.

859 hover over
The airplane was **hovering over** the town.

860 jump over
I couldn't **jump over** the obstacles.

861 move over
Please **move over** a little.

862 pull over
The police asked him to **pull over**.

863 walk over
They **walked over** the bridge together.

위를 횡단하여, 위에

이리로 가져오다, 데려오다
그녀는 저녁식사에 친구들을 데려왔다.

~의 위를 기어 넘다
우리는 이제 겨우 불리한 상황을 극복했다.

건네주다, 인도하다
그는 서류를 동료에게 건네주었다.

~위에 걸다
내 머리위에 그 우중충한 샹들리에를 걸지 마라.

~위에서 맴돌다
비행기가 그 마을 위에서 맴돌고 있었다.

~의 위를 뛰어넘다
나는 장애물을 뛰어넘을 수 없었다.

그리로 움직이다
조금만 그리로 움직여주세요.

저리로 차를 대다
경찰은 그에게 길가에 차를 대라고 말했다.

~의 위를 걸어 넘다
그들은 다리를 함께 걸어서 넘어갔다.

through

864 break through
The soldiers **broke through** the wall.

865 follow through
The reporter **followed through** the actor's scandal.

866 go through
You have to **go through** hard times to succeed.

867 pick through
I **picked through** the newspaper, but no articles interested me.

868 see through
She seemed to **see through** my trick.

869 sift through
I will take a moment to **sift through** all these articles.

관통하여

뚫고 나아가다
군인들은 벽을 뚫고 나아갔다.

끝까지 쫓다, 추적하다
그 기자는 배우의 추문을 끝까지 추적했다.

통과해 가다, (고난 등을) 겪다
성공하기 위해서는 고난을 헤쳐 나아가야 한다.

신중하게 훑어보다
나는 신문을 꼼꼼하게 읽어보았지만, 어떠한 기사도 나의 관심을 끌지 못했다.

꿰뚫어 보다, 간파하다
그녀는 나의 술책을 꿰뚫어 보고 있는 듯했다.

면밀히 훑어보다
나는 잠시 시간을 내어 이 기사를 모두 면밀히 검토할 것이다.

up

870 bring up
The waiter **brought up** the green tea in time.

871 brush up
I **brushed up** on my French before I went to France.

872 build up
Bring more bricks to **build** the wall **up**.

873 dress up
He **dressed up** for the party tonight.

874 fix up
He **fixed** his motor bike **up** and sold it.

875 go up
She **went up** the stairs in fury.

876 hurry up
Hurry up, or you will be left alone in the strange house!

877 line up
The teacher **lined** the children **up** in four rows.

위로, 위에서

위로 가져오다, 내놓다, 꺼내다
웨이터는 시간에 맞춰 녹차를 가져왔다.

다시 공부하다, 복습하다
나는 프랑스에 가기 전에 프랑스어를 다시 공부했다.

더 높이 쌓다, 쌓아 올리다
벽을 더 높이 쌓게 벽돌을 더 가져오시오.

차려입다, 빼입다
그는 오늘밤 파티를 위해 차려입었다.

수리하다
그는 오토바이를 수리해서 팔았다.

위로 올라가다
그녀는 분노해서 계단을 올라갔다.

더 빨리 서두르다
서둘러. 그렇지 않으면 이상한 집에 혼자 남게 될 거야!

줄 세워놓다, 확보해놓다
선생님은 아이들을 네 줄로 세웠다.

878 look up
You should **look up**, and don't look down.

879 pick up
He **picked up** the cigarette butt and threw it into the trash can.

880 speak up
Speak up! Nobody can hear you well.

쳐다보다, 찾아보다
내려다보지 말고 위를 봐라.

집어 들다
그는 담배꽁초를 주워서 휴지통에 던져 넣었다.

더 크게 말하다
더 크게 말해! 아무도 네 말소리를 잘 들을 수 없잖아!

Chapter 5

TEPS
기출
IDIOMS

881 Absolutely!

A: Are you sure you saw him at the library this morning?
B: **Absolutely!**

882 Are you with me?

A: **Are you with me?**
B: No. It is kind of difficult.

883 as a matter of fact

A: Get it?
B: Sorry, but **as a matter of fact**, I was not listening.

884 Back me up.

A: Will you **back me up** just in case I can't get there on time?
B: Of course. Don't worry!

885 Be my guest.

A: May I borrow an umbrella?
B: Sure. **Be my guest**.

886 Be punctual!

A: You are late again! **Be punctual**, please!
B: I am sorry.

물론이지! 당연하지!

A: 아침에 도서관에서 그 사람 본 것 확실해?
B: 당연하지!

이해가 되니?

A: 이해가 돼?
B: 아니, 좀 어려운 것 같아.

사실상

A: 알아들었어?
B: 미안한데, 사실 나 안 듣고 있었어.

나를 후원해다오.

A: 내가 제시간에 도착하지 못할 경우 나를 대신해주겠니?
B: 물론이지. 걱정하지 마!

사양하지 마. 어서 해.

A: 우산 좀 빌려줄래?
B: 그럼. 어서 가져가.

시간 좀 지켜!

A: 너 또 늦었네! 제발 시간 좀 지켜!
B: 미안해.

887 Beats me.

A: Do you recognize this person in the picture?
B: **Beats me**.

888 Behave yourself.

A: I can't remember what I said last evening after drinking.
B: You were so terrible. You'd better **behave yourself**.

889 be sick and tired of~

A: I **am sick and tired of** this tedious job.
B: Come on. You receive quite a lot of salary, though.

890 better than nothing

A: I'd better quit the job. They do not pay me well.
B: It is **better than nothing**.

891 Break a leg!

A: Oh, you have an exam this afternoon. **Break a leg**!
B: Thanks.

892 Can I ask you a favor?

A: **Can I ask you a favor?**
B: OK. What is it?

전혀 모르겠어.

A: 사진속의 이 사람을 본 적 있어?
B: 전혀 모르겠어.

행동을 자제해.

A: 어젯밤 술 마신 후에 무슨 말을 했는지 기억 안 나.
B: 너 정말 형편없었어. 행동 좀 자제할 필요가 있겠어.

~가 지긋지긋하다.

A: 이렇게 따분한 직업 정말 지긋지긋해 죽겠어.
B: 진정해. 그래도 돈은 많이 벌잖아.

없는 것보단 낫지요.

A: 이 일 그만 둬야겠어. 월급이 너무 적어.
B: 그래도 없는 것보다는 낫잖아.

행운을 빌어!

A: 맞다. 오늘 오후에 시험이라고 했지? 행운을 빌어!
B: 고마워.

부탁하나 해도 될까?

A: 부탁 하나만 해도 될까?
B: 그래. 뭔데?

893 Can I count on it?

A: I will pay it back in a week.
B: **Can I count on it?**

894 Can I take a rain check?

A: Why don't we go see a movie tonight?
B: Oh, sorry. I have to write a report. **Can I take a rain check?**

895 Can you put me on the waiting list?

A: I am sorry but there is no vacancy available now.
B: I see. **Can you** just **put me on the waiting list**, then?

896 Can't you overlook it just once?

A: **Can't you overlook it just once?**
B: All right. But only this time!

897 Come and get it.

A: Tom, breakfast is ready. **Come and get it.**
B: Already? Thanks, mom!

898 Cool it!

A: I think I got ripped off. I am so upset!
B: **Cool it!**

믿어도 돼?

A: 일주일 후에 돈 갚을게.
B: 믿어도 되는 거지?

다음으로 미룰 수 있을까?

A: 오늘 밤에 영화나 보러 갈까?
B: 에구, 미안. 나 보고서 써야 해. 다음으로 미루면 안 될까?

대기자 명단에 올려주세요.

A: 죄송하지만 지금 잔여석이 남아 있지 않습니다.
B: 알겠습니다. 그러면 대기자 명단에 올려주시겠어요?

한번만 봐주세요.

A: 한번만 봐주시면 안 될까요?
B: 알았어. 이번 한 번만이야!

와서 먹어라. 와서 가져가라.

A: 톰, 아침 준비됐다. 어서 와서 먹어라.
B: 벌써요? 엄마, 고마워요.

진정해.

A: 나 바가지 쓴 것 같아. 너무 열 받아!
B: 진정해!

899 Do I know you from somewhere?
A: Excuse me. **Do I know you from somewhere?**
B: Well, I don't think so.

900 Do you mind doing~?
A: **Do you mind closing** the door? I am freezing.
B: No problem.

901 Don't be such a stranger.
A: I haven't seen you for ages. **Don't be such a stranger.**
B: As you know, I've been kind of busy lately. But I will try to visit you more often.

902 Don't boss me around.
A: Did you take vitamins after dinner? And did you brush your teeth?
B: **Don't boss me around.** I am not a kid.

903 Don't count your chickens before they are hatched.
A: What do I have to buy first if I win the lottery?
B: **Don't count your chickens before they are hatched.**

우리 전에 본 적이 있던가요?

A: 실례합니다. 우리 전에 만난 적이 있던가요?
B: 글쎄요. 없는 것 같은데요.

~좀 해주면 안 되겠니?

A: 문 좀 닫아주면 안 될까? 추워 죽겠어.
B: 그러지 뭐.

가끔 들르렴.

A: 너무 오랜만이다. 좀 자주자주 들러.
B: 너도 알다시피 내가 요즘 좀 바빴잖아. 하지만 앞으로 더 자주 들르도록 노력할게.

이래라 저래라 하지 마.

A: 저녁 먹고 나서 비타민 먹었니? 그리고 이는 닦았어?
B: 이래라 저래라 하지 좀 마세요. 어린애도 아닌데.

떡 줄 사람은 생각지도 않는데 김칫국부터 마시지 마.

A: 복권에 당첨되면 제일 먼저 뭘 사야 할까?
B: 떡 줄 사람은 생각지도 않는데 김칫국부터 마시지 마.

904 Don't get me wrong.

A: You went to the casino for gambling last week, didn't you?
B: **Don't get me wrong.** I just wanted to have a look.

905 Don't let it get to you.

A: He is always rude to me, and it is annoying!
B: **Don't let it get to you.** He's not worth it.

906 Don't let it get you down.

A: Man, I screwed up my midterm exam!
B: Gee. **Don't let it get you down**.

907 Easy does it!

A: I will eat them all within 3 minutes and go back to the library to finish my homework today.
B: **Easy does it.** The deadline is tomorrow night.

908 Fat chance!

A: Did you know that Tom got an A in math?
B: Really? **Fat chance!** He got an F last semester.

909 Feel free to call me.

A: If you have any further questions, **feel free to call me**.
B: All right. Thank you.

오해하지 마.

A: 너 지난주에 도박하러 카지노에 갔다며?
B: 오해하지 마. 그냥 구경하러 갔던 거야.

너무 신경 쓰지 마. 진정해.

A: 그 사람은 항상 나한테 무례하게 굴어. 그래서 짜증나!
B: 너무 신경 쓰지 마. 그럴 가치도 없는 인간이야.

너무 우울해하지 마.

A: 에구구, 중간고사 망쳤네!
B: 이런. 너무 우울해하지 마.

너무 성급히 굴지 마!

A: 나 3분 안에 다 먹어치운 다음 도서관에 가서 오늘 중으로 숙제를 끝낼 거야.
B: 좀 쉬엄쉬엄 해. 제출 기한은 내일 밤이잖아.

말도 안 돼! 그럴 리 없어!

A: 너 톰이 수학에서 A 받은 거 알고 있었니?
B: 정말? 그럴 리가! 걔 지난번에 F 받았잖아.

부담 없이 (언제든) 전화해.

A: 더 이상 궁금한 것이 있으면, 언제든 연락 주십시오.
B: 알겠습니다. 고맙습니다.

910 **first thing in the morning**

A: You are going to be in Jeju next week?
B: I will call you **first thing in the morning** when I get there.

911 **from what I understand**

A: Did you hear the rumor about Jim?
B: Yes, but it is not true **from what I understand**.

912 **Get this stain out.**

A: I spilt ink on my shirt. Can you **get this stain out**?
B: Okay, but it takes time.

913 **Give it to me straight.**

A: **Give it to me straight.**
B: Please believe me. I am not lying!

914 **Good for you.**

A: I got a job!
B: **Good for you.**

915 **Guess what!**

A: You look very happy today. Any good news?
B: **Guess what!** David proposed to me.

일어나자마자 제일 먼저 해야 할 일
A: 너 다음 주에 제주도에 간다며?
B: 가면 아침에 제일 먼저 전화할게.

내가 알기로는
A: 너 짐에 대한 소문 들었니?
B: 어, 근데 그거 내가 알기로는 사실이 아니야.

이 얼룩 좀 빼줘.
A: 셔츠에 잉크를 엎질렀어. 얼룩 좀 제거해줄 수 있니?
B: 알았어. 하지만 시간이 좀 걸릴 거야.

솔직히 말해봐. 이실직고해.
A: 솔직히 말해봐.
B: 제발 믿어줘. 거짓말 아니라니까.

참 잘 됐다.
A: 나 직장 구했어!
B: 참 잘 됐다.

무슨 일이 있었는지 알아? (좋은 일, 놀랄 만한 일)
A: 너 오늘 무척 기분 좋아 보이는 걸. 무슨 좋은 소식이라도?
B: 알아 맞춰봐. 데이빗이 청혼했어.

916 Hang in there!

A: My boss is too harsh to me. I can't stand it any longer.
B: **Hang in there!** Think about your poor kids.

917 He is on time.

A: **He is** always **on time**.
B: That's why we can rely on him.

918 He put me on the spot.

A: **He** tried to **put me on the spot**. I don't know why he did it.
B: I heard he hated you. That may be why.

919 He stood me up.

A: **He stood me up** again.
B: Again?

920 He left for the day.

A: Can I talk to Mr. Wilson?
B: I am afraid that **he left for the day**.

921 He's a man of his word.

A: Will he be here on time?
B: Don't worry. **He's a man of his word**.

(힘들어도) 참고 견뎌!

A: 직장상사가 너무 인정머리가 없어. 더 이상 못 참겠어.
B: 그래도 참고 견뎌! 불쌍한 애들을 생각해야지.

그는 시간을 잘 지켜.

A: 그 사람은 언제나 시간을 잘 지켜.
B: 그러니까 우리가 그 사람을 믿지.

그가 나를 굉장히 곤란하게 만들었어.

A: 그 사람이 나를 궁지에 몰아넣으려 했어. 왜 그랬는지 모르겠어.
B: 그 사람이 너 싫어한다더라. 그것 때문일 거야.

그가 나를 바람맞혔어.

A: 그 인간이 또 나를 바람맞혔어.
B: 또?

그는 퇴근했어.

A: 윌슨 씨와 통화할 수 있겠습니까?
B: 죄송하지만 퇴근하셨습니다.

그는 약속을 잘 지키는 사람이야.

A: 그가 제시간에 여기에 올까?
B: 걱정 마. 약속 잘 지키는 사람이야.

922 He is headstrong.

A: Can you ask him to change the subject?
B: I will try, but he will not listen to me. **He's headstrong.**

923 How about seconds?

A: **How about seconds?**
B: No thanks. I am full.

924 How can I make it up to you?

A: I am not going to talk to you!
B: Sorry. **How can I make it up to you?**

925 How does your report go?

A: **How does your report go?**
B: I am almost done.

926 How do you like your new apartment?

A: **How do you like your new apartment?**
B: It is very spacious.

927 How long does it take to do?

A: **How long does it take to get** my car fixed?
B: It will be done within half an hour.

928 I came up with a great idea.

A: How can we solve this problem?
B: Wait. **I came up with a great idea.**

그는 참 완고해. 고집쟁이야.

A: 걔한테 주제 좀 바꿔달라고 얘기해줄래?
B: 말은 해보겠지만 소용없을 거야. 고집불통이거든.

더 드실래요?

A: 더 드시죠?
B: 괜찮습니다. 배불러요.

어떻게 하면 화가 풀어지겠니?

A: 너랑 말 안 해.
B: 미안. 어떻게 하면 화가 풀어지겠니?

너 보고서 어떻게 되어가니?

A: 보고서는 얼마나 썼니?
B: 거의 다 썼어.

새 아파트 어때?

A: 새 아파트 어때?
B: 엄청 넓어.

~하는 데 얼마나 걸리나요?

A: 제 차를 다 고치는 데 얼마나 걸릴까요?
B: 30분 이내에 끝날 겁니다.

좋은 생각이 났어.

A: 우리가 이 문제를 어떻게 풀 수 있을까?
B: 잠깐. 나한테 좋은 수가 있어.

929 I can't buy it.
A: They said they will give us 90% discount.
B: **I can't buy it.**

930 I can't make heads or tails of it.
A: He suddenly disappeared in front of my eyes. **I can't make heads or tails of it.**
B: It is very strange.

931 I didn't mean to get in your way.
A: **I didn't mean to get in your way.**
B: It is all right. You were not disturbing me.

932 I don't get it.
A: Can you explain it again? **I don't get it.**
B: All right. I will explain it more easily this time.

933 I had a ball.
A: Thanks for coming to my birthday party last night.
B: My pleasure. **I had a ball.**

934 I need a shoulder to lean on.
A: You look terrible today. What happened?
B: I broke up with my girl friend. **I need a shoulder to lean on.**

믿을 수 없어.

A: 90% 깎아준다더라.
B: 믿을 수 없어.

뭐가 뭔지 모르겠어. 도통 이해할 수 없어.

A: 그가 갑자기 내 눈앞에서 사라졌어. 뭐가 뭔지 모르겠어.
B: 참 이상한 일이구나.

방해할 생각은 없었어.

A: 방해할 생각은 없었어.
B: 괜찮아. 방해되지 않았어.

이해가 안 돼.

A: 다시 설명해줄래? 잘 모르겠어.
B: 알았어. 이번엔 더 쉽게 설명해줄게.

아주 즐거운 시간을 보냈어.

A: 어젯밤 내 생일잔치에 와줘서 고마워.
B: 고맙긴. 덕분에 즐거웠어.

난 기댈 사람이 필요해. 의지할 사람이 필요해.

A: 너 오늘 가관이 아니다. 무슨 일이야?
B: 나 여자 친구랑 헤어졌어. 위로해줄 사람이 필요해.

935 I slept like a dog.

A: I heard your final exam was over yesterday.
B: Yes. So **I was able to sleep like a dog** last night.

936 I will drop you off there.

A: Will you drive me to the hospital? I have to meet someone there.
B: Okay, **I will drop you off there.**

937 I will fit into your schedule.

A: When are we meeting tomorrow?
B: **I will fit into your schedule.**

938 I will tell you what.

A: How can I make her laugh?
B: **I will tell you what.**

939 I am all ears.

A: Are you listening to what he is saying?
B: Of course, **I'm all ears.**

940 I am so flattered.

A: What a great genius you are! You solved this difficult problem by yourself?
B: **I am so flattered.**

죽은 듯이 자다. 푹 자다.

A: 너 어제 기말고사 끝났다던데.
B: 어. 그래서 어젯밤 푹 잘 수 있었어.

거기서 내려줄게.

A: 병원까지 차로 태워다줄래? 나 거기서 누구 좀 만나야 돼.
B: 알았어. 거기서 내려줄게.

네 시간에 맞출게.

A: 내일 언제 만나지?
B: 네 시간에 맞출게.

좋은 수가 있어.

A: 어떻게 하면 그녀가 웃게 만들 수 있을까?
B: 나한테 좋은 수가 있어.

잘 듣고 있어. 귀 기울여 듣고 있어.

A: 너 그 사람이 말하는 것 듣고 있니?
B: 당연하지. 잘 듣고 있어.

과찬의 말씀이에요.

A: 위대한 천재로세! 혼자서 그 어려운 문제를 풀었단 말이냐?
B: 과찬의 말씀이십니다.

941 I am tied up.
A: Are you free this weekend?
B: Sorry, but **I'm tied up**.

942 I am turning in early.
A: Shall we go out for dancing tonight?
B: I'm sorry. **I'm turning in early.**

943 I have had it.
A: Today's dinner is curry.
B: Again? **I've had it.**

944 It can't be helped.
A: I missed the last train to Seoul. I should have left earlier.
B: **It can't be helped.** You'd better make a call to your boss.

945 It doesn't get any better than this!
A: He was late for 30 minutes.
B: **It doesn't get any better than this!** He usually shows up an hour later.

946 It remains to be seen.
A: Dan was not late for the class this time. Will it continue from now on?
B: Well, **it remains to be seen.**

나 바빠.

A: 너 주말에 시간 있니?
B: 미안하지만 나 바빠.

일찍 잘 거야.

A: 오늘밤 춤추러 갈까?
B: 미안. 난 좀 일찍 잘 거야.

지긋지긋해.

A: 오늘 저녁은 카레야.
B: 또? 지겨워.

어쩔 수 없어.

A: 서울 행 막차를 놓쳤어. 좀 더 일찍 출발할 걸.
B: 어쩔 수 없지 뭐. 직장 상사한테 연락이나 해둬.

이 정도면 양반이지!

A: 그 사람 30분이나 늦었어.
B: 그 정도면 양반이지! 보통 한 시간 늦게 나타난다.

두고 볼 일이야.

A: 이번에는 댄이 수업에 늦지 않았네. 앞으로 계속 빨리 올까?
B: 글쎄다. 두고 봐야지.

947 It serves you right.

A: I got an F in Math. I should have studied instead of playing computer games.
B: **It serves you right.**

948 It takes two to tango.

A: I didn't do anything wrong. It was all his fault!
B: I doubt it. **It takes two to tango.**

949 It's on me.

A: **It's on me.**
B: No, it is my turn!

950 Just bring yourself.

A: You are going to have a party? Do you need a hand for preparations?
B: No thanks. **Just bring yourself.**

951 Just my luck.

A: I am sorry, but your name is not on the list.
B: **Just my luck!**

952 Keep it up!

A: It is almost done. **Keep it up!**
B: I'm doing my best.

꼴 좋다. 쌤통이다.

A: 나 수학 F 맞았어. 컴퓨터 게임하는 대신 공부를 했어야 돼.
B: 거봐라, 꼴 좋다.

손바닥도 마주쳐야 소리가 난다. 둘 다 책임 있다.

A: 난 잘못한 게 하나도 없어. 다 그 사람 탓이야!
B: 그렇지 않을 걸. 손바닥도 마주쳐야 소리가 나는 거야.

내가 낼게.

A: 내가 한 턱 낼게.
B: 아니야, 이번엔 내 차례야.

그냥 몸만 와.

A: 파티할 거라고? 준비하는 데 도와줄까?
B: 아니야, 괜찮아. 그냥 몸만 와.

그럼 그렇지.

A: 죄송하지만 명단에 이름이 없습니다.
B: 내 팔자가 그렇지!

힘내!

A: 거의 다 됐어. 조금만 더 힘내!
B: 최선을 다 하고 있어.

953 Let me sleep on it.

A: Choose this model. The performance itself is excellent.
B: **Let me sleep on it.**

954 Over my dead body!

A: Please let me marry her.
B: **Over my dead body!**

955 No sweat.

A: Can you make it?
B: **No sweat.**

956 Pipe down!

A: Is he really going to Egypt?
B: **Pipe down!** It is a secret.

957 Search me.

A: Do you know where she is now?
B: **Search me!**

958 Shake a leg!

A: Can we just take a break here?
B: **Shake a leg!** We're already late.

잘 한번 생각해볼게.

A: 이 모델을 선택해봐. 성능 자체는 뛰어나다니까.
B: 고려해볼게.

내 눈에 흙이 들어가기 전에 안 돼! 절대 안 돼!

A: 제발 그 여자랑 결혼하게 해주세요.
B: 내가 죽기 전엔 안 돼!

이쯤이야 문제없어.

A: 너 해낼 수 있겠어?
B: 문제없어.

소리를 낮춰! 조용히 해!

A: 그 사람이 정말 이집트에 간대?
B: 목소리 낮춰! 그거 비밀이란 말이야.

내가 알게 뭐야. 몰라.

A: 그녀가 지금 어디 있는지 아니?
B: 내가 알게 뭐야!

서둘러!

A: 여기서 잠깐 쉬자.
B: 서둘러! 이미 늦었잖아.

959 Shame on you.

A: You are already 20, but you don't know how to use a microwave? **Shame on you.**
B: Nobody's taught me.

960 Something came up.

A: I have to go home now. **Something came up.**
B: Oh, really?

961 Step on it!

A: Oh, my goodness. We're going to be late. **Step on it!**
B: Come on, dude. I am trying my best.

962 Suit yourself.

A: Do you think I need to make a call in advance?
B: **Suit yourself.**

963 Thanks a million.

A: Without your help, I couldn't have finished it. **Thanks a million!**
B: Not at all.

964 That figures.

A: Did you hear that he didn't take the exam?
B: **That figures.** I've never seen him studying.

창피한 줄 알아라.

A: 스무 살이나 되어가지고 전자렌지도 사용할 줄 모르냐? 부끄러운 줄 알아.
B: 아무도 안 가르쳐 줬어.

일이 좀 생겼어

A: 나 지금 집에 가야겠어. 일이 좀 생겼어.
B: 오, 그래?

밟아! 서둘러!

A: 젠장. 늦게 생겼네. 좀 밟아 봐!
B: 이봐, 진정해. 나 최선을 다하고 있거든.

좋을 대로 해. 마음대로 해.

A: 미리 전화해두는 게 좋을까?
B: 너 좋을 대로 해.

정말 고마워.

A: 네 도움이 없었다면 그 작업을 끝낼 수 없었을 거야. 정말 고마워!
B: 천만에.

내가 그럴 줄 알았어.

A: 걔 시험 안 쳤다는 소식 들었어?
B: 그럴 줄 알았어. 걔 공부하는 꼴을 본 적이 없어.

965 That's a steal.

A: Did you see the ads about a big bargain sale in the department store?
B: Yes, I found an MP3 player was 80% off. **That's a steal!**

966 That's news to me.

A: Did you know that she had a baby?
B: **That's news to me.** I didn't even know she was married.

967 That's what friends are for.

A: I can't thank you enough.
B: No problem. **That's what friends are for.**

968 There goes my weekend.

A: I just heard we have to go on a business trip to Busan this weekend.
B: Really? **There goes my weekend.** I was planning to go to Everland.

969 Things are looking up.

A: How's your business these days?
B: **Things are looking up.**

970 Time will tell.

A: He is going to hate me forever.
B: No, he won't. **Time will tell.**

거저 가져가는 셈이야.

A: 너 백화점에서 대 바겐세일 한다는 광고지 보았니?
B: 어, 어떤 MP3 플레이어는 80% 세일이던 걸. 거저 주는 셈이네.

처음 듣는 소리야. 금시초문이야.

A: 그 여자한테 아이가 있었다는 사실 알고 있었니?
B: 금시초문인 걸. 난 그 여자가 결혼한 줄도 몰랐어.

친구 좋다는 게 뭐야.

A: 너무 너무 고마워.
B: 뭐 별일도 아니었는데. 친구 좋다는 게 뭐냐.

주말은 물 건너갔네.

A: 방금 들은 소식인데, 이번 주말에 부산에 출장가야 한대.
B: 정말? 주말은 물 건너갔네. 에버랜드 가려고 했는데.

점점 나아지고 있어.

A: 요즘 사업은 어때?
B: 점점 좋아지고 있어.

시간이 해결해줄 거야.

A: 그는 나를 영원히 미워할 거야.
B: 그렇지 않을 거야. 시간이 해결해줄 테니.

971 What nerve!
A: Believe me! I didn't do it.
B: You liar! I saw you doing it. **What nerve!**

972 What a rip-off!
A: You know what? I bought this notebook computer at $1,000 yesterday!
B: **What a rip-off!** I bought the same model at $950 two days ago.

973 Will you give me a hand?
A: You look so busy.
B: **Will you give me a hand?** I cannot manage them all by myself.

974 You are so cheap.
A: Give me back all the gifts I bought for you.
B: **You are so cheap.**

975 You bet.
A: Is this watch real?
B: **You bet.**

976 You look down.
A: **You look down** today. What's wrong?
B: I lost my wallet in the morning.

뻔뻔하군!

A: 믿어줘! 내가 그런 것이 아니라니까.
B: 거짓말쟁이! 내가 다 봤는데. 뻔뻔하군!

완전 바가지 썼군!

A: 그거 알아? 나 어제 1,000달러 주고 이 노트북 샀어.
B: 바가지 썼구나! 난 이틀 전에 똑같은 모델을 950달러 주고 샀는데.

나 좀 도와줄래?

A: 너 엄청 바빠 보인다.
B: 나 좀 도와주라. 혼자서 다 못하겠어.

너 정말 치사해.

A: 내가 너한테 사줬던 선물 다 내놔.
B: 치사한 인간 같으니.

틀림없어. 물론이지.

A: 이 시계 진짜야?
B: 틀림없다니까.

기분이 안 좋아 보여.

A: 너 오늘 기분 안 좋아 보여. 무슨 일이니?
B: 아침에 지갑을 잃어버렸어.

977 You name it.
A: I like the design. But do you have other colors?
B: **You name it.**

978 You should get in shape.
A: Summer is around the corner. **You should get in shape.**
B: I know. I will start to exercise from tomorrow.

979 You went too far this time.
A: She is crying. **You went too far this time.**
B: No, I didn't. She deserved it!

980 You've done a great job.
A: Dad, I've got all 'A's this term.
B: **You've done a great job.** I'm proud of you.

말만 해.

A: 디자인은 맘에 들어. 근데 다른 색상은 없니?
B: 말만 해.

몸을 가꿔야겠다.

A: 여름이 다가온다. 너 몸매 좀 가꿔야겠다.
B: 나도 알아. 내일부터 운동 시작할거야.

이번에 좀 오버했어.

A: 걔 울잖아. 이번에 좀 심했어.
B: 그렇지 않아. 걔는 당해도 싸!

참 잘했어.

A: 아빠, 나 이번 학기에 올 'A' 학점 받았어요.
B: 참 잘했구나. 자랑스럽기도 하지.

Chapter 6

**TEPS
기출
단어**

981 address [ədrés]

The letter was **addressed** to her.

Please include time estimates for **addressing** each topic.

982 apply [əplái]

He **applied** for a credit card.

You'd better **apply** some ointment as soon as you can.

983 bump [bʌmp]

Suddenly, there was a **bump** and an awful squeal.

I **bumped into** my old friend yesterday.

~앞으로 보내다 / 문제를 역점을 두어 다루다

그 편지는 그녀 앞으로 온 것이었다.

각각의 주제를 다루는 데 드는 예상 시간을 포함시키세요.

응시하다, 신청하다 / (페인트·약 등을) 바르다, 칠하다

그는 신용카드를 신청하였다.

가능한 빨리 연고를 좀 바르는 것이 좋겠다.

충돌, 차의 동요 / 우연히 마주치다

갑자기 차가 동요하면서 끽하는 큰 소리가 났다.

나는 어제 우연히 내 옛 친구를 만났다.

984 **buy** [baɪ]

My mom always wants to **buy** a bigger house.

I never **buy** his story.

985 **charge** [tʃɑːrdʒ]

He is in **charge** of this restaurant.

We **charge** $10 for cleaning a shirt.

986 **check** [tʃek]

We accept personal **checks** as well.

You'd better **check** your schedule first.

사다 / 믿다

우리 엄마는 언제나 좀 더 큰 집을 사고 싶어한다.

나는 절대 그의 이야기에 속아 넘어가지 않는다.

책임 / 청구하다

그가 이 식당의 책임자이다.

셔츠 한 장 세탁하는 데 10달러를 받는다.

수표 / 조사하다

저희는 개인 수표도 받습니다.

우선 너의 스케줄을 점검해보는 것이 좋겠다.

987 code [koud]

The company's new dress **code** policy is not fair.

Please enter your four digit secret **code**.

988 contain [kəntéin]

Fruits **contain** abundant vitamin C.

Lots of chickens were slaughtered in order to **contain** Avian Influenza.

989 cover [kʌ́vər]

Put them into the container and **cover** the lid tightly.

We didn't **cover** all the topics during the meeting.

규약 / 신호, 암호

회사에서 새로 정한 복장 규범 방침은 불공평하다.

네 글자의 암호를 입력하세요.

내포하다 / 억제하다

과일은 풍부한 비타민C를 포함하고 있다.

조류 독감의 확산을 억제하기 위해 수많은 닭이 도살되었다.

덮다 / 다루다

그것들을 용기에 넣고 뚜껑을 꽉 닫아라.

우리는 회의 중에 모든 주제를 다루지 못했다.

990 **expect** [ikspékt]

We never **expect** him to be on time.

She is **expecting** a call from him soon.

991 **fit** [fit]

This skirt doesn't **fit** me.

Weight training is an ideal way to stay physically **fit**

992 **flatter** [flǽtər]

You're **flattering** me.

The new jacket, known for its **flattering** fit, is flying off the shelves.

기대하다 / 기다리다

우리는 그가 제시간에 올 것이라고는 전혀 생각하지 않는다.

그녀는 그 남자로부터 연락이 오기를 기다리고 있다.

알맞다, 적당하다 / 건강이 좋은

이 치마가 몸에 잘 안 맞다.

웨이트 트레이닝은 신체 건강을 유지하는 이상적인 방법이다.

아첨하다 / 실물 이상으로 좋게 나타내다, 옷 등이 모습을 돋보이게 하다

너무 치켜세우시네요.

새 재킷은 옷맵시를 잘 살려주는 것으로 알려져서 불티나게 팔리고 있다.

993 **heavy** [hévi]

She was dressed in a **heavy** winter coat.

The traffic is always **heavy** in the morning.

994 **last** [læst/lɑːst]

He was the **last** student who left the classroom.

Our love will **last** for eternity.

995 **means** [miːnz]

He tried to defeat her by illegal **means**.

Spending beyond your **means** is a vice.

무거운 / 차가 막히는

그녀는 두꺼운 겨울 코트를 입고 있었다.

아침에는 항상 길이 막힌다.

마지막 / 지속되다

그가 교실을 마지막으로 떠난 학생이다.

우리의 사랑은 영원히 지속될 것이다.

수단, 방법 / 재산, 수입

그는 불법적인 수단으로 그녀를 이기려고 했다.

수입 이상으로 지출하는 것은 나쁜 일이다.

996 move [muːv]

The baby kept **moving**.

We **move** this meeting be adjourned.

997 ripe [raip]

The melons are **ripe**.

He lived to the **ripe** old age of 99.

998 rusty [rʌ́sti]

I found an old **rusty** bicycle on the way home.

She hasn't played the violin in a long time, and she might be a little **rusty**.

움직이다 / 제청하다

아기는 계속해서 움직였다.

휴회할 것을 제청합니다.

(과일이나 곡식 등이) 잘 익은 / 나이 많은, 고령의

멜론이 잘 익었다.

그는 99세의 고령까지 살았다.

녹슨 / 서툰

집에 오는 길에 낡고 녹슨 자전거 한 대를 발견하였다.

그녀는 오랫동안 바이올린을 연습하지 않아서 아마도 실력이 약간 녹슬었을 것이다.

999 **secret** [síːkrit]

Since it is a **secret**, I will not tell you that.

Everybody wanted to know the **secret** of his success.

1000 **ticket** [tíkit]

She already bought the concert **ticket** last Friday.

He got a **ticket** because he exceeded the speed limit.

비밀 / 비결

비밀이니까 말하지 않겠다.

모든 사람은 그의 성공 비결을 알고 싶어했다.

입장권, 표 / 교통 위반 딱지

그녀는 이미 지난 금요일에 콘서트 티켓을 구입하였다.

그는 속도위반으로 딱지를 받았다.

죠셉킴

(전) 강남 이익훈어학원 TEPS 대표 강사
(현) 메가스터디 TEPS 대표 강사
(현) YBM e4u 종로어학원 TEPS 대표 강사

TEPS
어휘의 달인이 되는 법-포켓북

저자 | 죠셉킴
초판 1쇄 발행 | 2007년 6월 15일
초판 5쇄 발행 | 2010년 2월 5일

발행인 | 박효상
편집책임 | 김상호
영업책임 | 이종선 이태호 이전희
출판등록 | 제 10-1835호
발행처 | 사람in
주소 | 121-839 서울시 마포구 서교동 378-16 4F
전화 | 02)338-3555(代)
팩스 | 02)338-3545
e-mail | saramin@netsgo.com
Homepage | www.saramin.com

만든 사람들
편집 | 전병기
디자인 | 김미란

● 책값은 뒤표지에 있습니다.
● 파본은 바꾸어 드립니다.

ⓒ죠셉킴 2007

ISBN 978-89-6049-041-3(set)
ISBN 978-89-6049-042-0 13740